Ernesto Cardenal

Wortseelen – Waldmenschen

ERNESTO CARDENAL
DAS POETISCHE WERK
Band 6

Ernesto Cardenal

Wortseelen – Waldmenschen

Poesie der Naturvölker

Aus dem Spanischen
von Anneliese Schwarzer de Ruiz
und Lutz Kliche

Mit einem Vorwort
von
Ernesto Cardenal

Peter Hammer Verlag

CIP-Kurztitelaufnahme der Deutschen Bibliothek

Cardenal, Ernesto:
Das poetische Werk / Ernesto Cardenal. –
Wuppertal/Lünen: Hammer
ISBN 3-87294-292-1
NE: Cardenal, Ernesto: [Sammlung ‹dt.›]
Bd. 6. Wortseelen – Waldmenschen: [Poesie d. Naturvölker] /
aus d. Span. von
Anneluiese Schwarzer de Ruiz u. Lutz Kliche. Mit e.
Vorw. von Ernesto Crdenal. – Erw. u. korrigierte
Neuausg. – 1987.
ISBN 3-87294-370-7

Erweiterte und korrigierte Neuausgabe 1987

Umschlaggestaltung: Markus Eidt
Satz, Druck und Verarbeitung: Plambeck & Co, Neuss

ASIEN

PAZIFIK

Vorwort

Nach einer alten islamischen Legende sprach Adam im Paradies in Versen. Und tatsächlich sind alle primitiven Mythen der Menschheit in Versen verfaßt. Es ist bekannt, daß man den Vers vor der Prosa erfand. Der Vers ist die natürliche Form der menschlichen Sprache, und die Prosa eine Art Korruption der Sprache. Oder mit anderen Worten: Die erste Sprache war der Gesang. Und der Dichter ist der, der wieder die erste Sprache der Menschheit spricht (die Sprache Adams im Paradies). Darum ist, wie A. Grave Day sagt, „jeder Indio ein potentieller Dichter". Und das gleiche könnte man von allen Primitiven sagen. Man kann auch behaupten, daß alle Primitiven religiös sind. René Guénon weist auf eine interessante Tatsache hin: das lateinische Wort *carmen* (Gesang) komme von dem sanskritischen Wort *karma* (rituelle Handlung).

Aber noch interessanter scheint mir das, was die nordamerikanische Sprachwissenschaftlerin Mary Austin sagt: es gebe eine Art von Dichtung, die allen Stämmen gemein sei und die man fälschlicherweise immer als Liebeslyrik interpretiert habe, obwohl sie in Wirklichkeit mystische Dichtung sei, Gesänge der Seele an Gott, dargestellt in der Form der Klage eines verlassenen Mädchens.

„Der Indio kann die Seele hören", sagen die *Motilonen*, ein halbnacktes Volk in den Urwäldern Kolumbiens. Und die *Maidu* aus dem Norden Kaliforniens sprechen von einem „inneren Licht". Sie sagen: „Man braucht das Licht der Lagerfeuer nicht, weil man ein inneres Licht hat." Die *Omaha*-Indianer glauben, daß ihre Gesänge in die unsichtbare Welt eindringen. Es gibt Lieder, die sehr persönliche Offenbarungen sind, die *Wakanda* (Gott) ihnen in der Einsamkeit eingab. Nach Kenneth Rexroth war die Poesie für die nordamerikanischen Indianer etwas ähnliches wie die Sakramente oder Sakramentalien für die Christen. Und die alten *Nahuas* sahen die Poesie (der sie den Namen *Blume-und-Lied* gaben) als eine Manifestation Gottes auf der Erde an, und sie verstanden die Gottheit als die *Höchste*

Metapher. Selbst heute noch ist das Gebet der *Tauramara* von Mexiko Tanz und Musik. „Wir beten durch den Tanz und durch die Kürbisschale", sagte mir einer von ihnen. Und ihr Tanz dauert oft zwei Nächte lang. Ein Indianer von Stamm der *Fox* (USA) sagte einmal, wenn sie für *Manitu* (Gott) sängen, dann höre er sie „genau, wie wenn wir in seinem eigenen Haus sängen".

Die *Ewhe* in Afrika, schreibt Sir A. B. Ellis, bitten Gott so natürlich um alles, was sie brauchen, als wenn sie mit ihrem Häuptling sprächen. Ein australischer Stamm dagegen sieht das Gebet als einen „Wahnsinn" und eine „Beleidigung" des *Baiame* (Gott) an, denn *Baiame* weiß alles, und es ist nicht nötig, ihn mit Wiederholungen zu ermüden. Die *Ngombe* vom Kongo nennen Gott *Akongo* („der Unerklärbare"), aber sie behaupten, man könne ganz leicht mit ihm in Verbindung treten. Einige Stämme in Ostafrika haben dagegen eher eine Theologie vom Tode Gottes. Die *Diola* vom Pagny sagen ganz einfach: „Gott ist gestorben." Die *Amazulu* in Südafrika sagen: „Von *Unkulunkulu* (Gott) wissen wir jetzt nichts mehr. Er war das erste Sein, er entsprang am Anfang. Wir kennen seine Gattin nicht. Und die Alten gingen von uns, ohne uns zu sagen, ob er eine Gattin hatte." Die *Pygmäen* haben viele Gedichte, in denen sie klagen, Gott habe sie verlassen. Sie sagen, am Anfang lebte Gott mit ihnen und nannte sie seine Kinder. Die Tiere waren die Freunde der Menschen. Gott war unsichtbar, aber er lebte mit den Menschen und sprach zu ihnen. Das Paradies, in dem sie lebten, war der Urwald. Eines Tages übertraten sie ein Gebot, und Gott war nicht mehr ihr Freund. Er verschwand flußaufwärts. (Nach Paul Schebasta, der diese Erzählung aufzeichnete, handelt es sich um den ältesten bekannten Mythos Afrikas.) Die *Pawnee* erzählen von einem Häuptling, der im Gewitter mit *Tirawa* (Gott) sprach, und *Tirawa* antwortete ihm hinter den Wolken. Dieser Häuptling verfaßte ein Gedicht „Die Himmel sprechen", das auf Seite 80 wiedergeben ist. Die *Sioux*-Indianer sagen, ihre Gedichte kämen ihnen im Traum. Auch die *Yuma* behaupten, ihre Gesänge seien ihnen im Traum eingegeben worden, und um sie zu singen, brauche man die Macht des Traumes. Nach den

Guaraní-Indianern wurden alle ihre heiligsten Gesänge im Traum empfangen, und auch auf den Fidschi-Inseln herrscht der Glaube, die Gedichte kämen aus dem Schlaf, aus der Welt der Geister.

Die *Arapaho*-Indianer komponierten ihre Gedichte in hypnotischem Trancezustand während ihrer Tänze für den Großen Geist und gleichfalls unter der Wirkung des Rauschmittels Peyote. Die *Eskimos* glauben, daß ihre Gesänge von den Seelen inspiriert werden, die im Totenreich weilen.

In vielen Indianerstämmen der Vereinigten Staaten kann jeder Mann und jede Frau Verse komponieren. Oft werden die Gedichte in Kriegen, auf der Jagd oder bei religiösen Zeremonien improvisiert. Bei einigen Stämmen wird der Gesang als persönliches Eigentum angesehen, und niemand darf ihn ohne die Erlaubnis des Verfassers singen.

Mary Austin schreibt: „Man kann einen Gesang einem Freund schenken oder ihn bei seinem Tode dem Stamm vermachen; es kann aber auch geschehen, daß ein Indianer stirbt, ohne seinen Gesang für irgend jemand gesungen zu haben, außer für seinen Gott."

Die Indianer kennen auch den *Gesang des Todes.*

Mary Austin erzählt, sie habe den Gesang des Todes von einem alten Dichter vom Stamm der *Yokut* gehört, der bei seinem Tode sang:

> Mein ganzes Leben
> habe ich
> gesucht.

Bei den *Guaraní*-Indianern sind es die Mystiker und Asketen, die die Gesänge komponieren. Das Gebet dieser Indianer ist der Gesang, der Tanz und die Musik, wie Alfredo López Austin schreibt. Die Poesie wird ihnen von der Gottheit geschenkt und gilt als sehr kostbarer und persönlicher Besitz jedes einzelnen. Einige besitzen zwei oder drei Gesänge. Die Heiligen besitzen sehr viele. Für diese Indianer ist die Heiligkeit eng mit dem Tanz und der Musik verbunden. *Namandu* (Gott) schuf zuerst die menschliche Sprache, die an seiner Göttlichkeit teilhat, dann schuf er die Liebe zum Nächsten und die heiligen Hymnen, und erst danach den Menschen. „Mein ganzes Leben ist Gesang, und ich singe wie ich atme“, erklärte ein Eskimo dem Forscher Rasmussen. Und man sagt, jeder Eskimo könne singen, tanzen und Gedichte komponieren. M. V. Portman schreibt, auf den Andamanen-Inseln komponiere jedermann Lieder, selbst die kleinen Kinder. Und Jacob Drachler berichtet, in Dahomey (Afrika) sei die Poesie eine alltägliche Beschäftigung, die jedermann ausübe, die gewöhnlichen Menschen genauso wie die berufsmäßigen Versdichter. Auch auf der Insel Dobu (Melanesien) verfaßt alle Welt Lieder, wie R. F. Fortune berichtet. Für jedes Ereignis wird ein Lied gedichtet, und es gibt nur sehr wenig Imitationen. Der Verfasser eines Liedes bewahrt sich seine literarischen Rechte, und kein Lied darf ohne seine Erlaubnis für die Tänze benutzt werden. (Nachdem es jedoch öffentlich bei einem Tanz gesungen wurde, kann es vorkommen, daß ein Lied in Kanus über das Meer oder auf dem Landwege durch den Urwald bis in weitentfernte Gegenden gebracht wird.) Die peruanischen Indianer schrieben ihre Gedichte mit Knoten in mehreren Farben. Die Lieder der *Chippewa* (USA) wurden mit kleinen Figuren in Birkenrinde geschnitzt. In Afrika buchstabieren die *Ashanti* ihre Gesänge mit rhythmischen Trommelschlägen. Die *Ekoi* aus Nigeria schreiben sie in einer Geheimsprache auf Palmblätter. Die kolumbianischen *Huitoto*-Indianer haben uralte Lieder mit Worten, die sie nicht mehr benutzen und deren Bedeutung sie kaum noch kennen. Viele Ausdrücke in den Liedern der *Yaqui* (USA) sind so alt, daß sie nicht einmal mehr in ihrer liturgischen Sprache vorkommen. Und die Eingeborenen der Philippinen kennen eine nächtliche Liturgie in einer heiligen Sprache, die heute nicht mehr von ihnen verstanden wird. In den Liedern von der Insel Dobu sind die alten Wörter in der eigenen Sprache und moderne Ausdrücke fremder Sprachen sehr frei miteinander vermischt. Es gibt nordamerikanische Indianer, die ihre Gedichte in Geheimsprachen komponieren. Auch die *Yuma* singen Gedichte mit Worten, deren Sinn niemand mehr versteht. Und den *Navajo* macht es nichts aus, wenn ein einziges Gedicht gleich zwei oder drei verschiedene Bedeutungen hat.

Bei den *Guaraní* sind einige Gesänge für alle Welt zugänglich, während andere nur den Mitgliedern des eigenen Stammes enthüllt werden dürfen oder manchmal sogar nur einigen wenigen Vertrauenspersonen. Außer der gewöhnlichen Sprache haben die *Guaraní* noch zwei weitere: Bei der einen handelt es sich um eine religiöse Sprache („die Worte derer, die über uns wohnen"), die von den alten Männern und Frauen benutzt wird, die Mitteilungen von der Gottheit erhielten. Die andere ist eine Geheimsprache, von der nur einige Worte, Sätze und Gebete bekannt sind, und die im allgemeinen nur den Eingeweihten vorbehalten ist. Darüber hinaus gibt es noch eine andere Art von Gesängen („die wahren Gesänge"), die selbst von ihren Sängern nicht verstanden werden.
Der Priester Henry Rochereau, der als Missionar und Forscher unter den *Tunebo* von Kolumbien lebt, gab mir einen *Magischen Gesang* dieser Indianer, der nur vom Medizinmann gesungen wird und den niemand hören darf. Der genannte Pater hörte ihn von einem Versteck aus und zeichnete ihn auf. Nach zweijähriger Arbeit gelang es ihm, diesen Gesang in der Ursprache des Stammes zum Teil zu entziffern. Als aber der Medizinmann erfuhr, daß der *Heilige Gesang* von einem Fremden gehört und abgeschrieben worden war, floh er in den Urwald und wurde nie wieder gesehen.
Bei den nordamerikanischen Rothäuten pflegten die Gedichte einem einzelnen Indianer, einem Clan oder einem Stamm zu gehören. Man mußte dafür zahlen, wenn man ein Gedicht singen wollte, das einem nicht gehörte. Bei den *Chippewa* wurden die Gesänge häufig für beträchtliche Geldsummen gehandelt. Ein *Navajo*-Indianer sagte: „Ich war immer arm, denn ich kenne kein einziges Lied."
Die *Cuna* verändern ihre Gedichte jedesmal, wenn sie sie rezitieren. Nach ihnen „müssen die Worte der Gesänge nicht immer die gleichen sein", und es macht ihnen großen Spaß, die verschiedenen Variationen zu hören. Andere Völker dagegen haben ihre Gesänge jahrhundertelang ohne die geringste Veränderung weitergegeben. Für die *Araukaner* ist es die mündliche Tradition, die dem Gesang Dauer verleiht. Sie sagen,

das geschriebene Wort gehe verloren, doch das gehörte Wort währe ewig. Die *Kogui* in Kolumbien sind stolz darauf, daß sie es nicht nötig hatten, ein Tonbandgerät zu erfinden wie die Weißen, denn sie „bewahren ihre Traditionen im Herzen".
Einige Stämme glauben, die Poesie habe heilende Kräfte. Die *Eskimo* kennen Lieder, die den Zorn stillen und den Wütenden beruhigen. Die *Guaraní* glauben an mächtige Gesänge, die die Krankheiten des Stammes heilen und selbst Jaguare töten können.
Alle primitiven Gedichte sind fast immer sehr kurz. Die *Chippewa* kennen Gedichte, die aus nur zwei Wörtern bestehen. Doch der *Nachtgesang* der *Navajo* dauert mehrere Tage und Nächte.
Einige nordamerikanische Indianer sagen, die Lieder der Weißen „reden zu viel". Und ein Indianer vom Stamm der *Papago* sagte zu Ruth Underhill: „Unsere Gesänge sind so kurz, weil wir so viel wissen."
Als einmal der Missionar und Forscher P. Cesareo Armellada zu einem venezolanischen Indianer sagte, ihre Lieder seien monoton, antwortete dieser: „Noch weniger Töne kennt die Kröte, und sie singt die ganze Nacht."
Die Texte dieser Anthologie wurden einzig wegen ihres poetischen Inhalts und nicht aus ethnologischem Interesse gesammelt und zusammengestellt. Aus diesem Grunde habe ich es vorgezogen, auf jede Art von Anmerkungen zu verzichten.

Ernesto Cardenal

Afrika

GESANG DES KÖNIGS BEHANZIN, ALS ER INS EXIL GING

Was kann mir die Fremde
schon bedeuten?
Nichts kann sie mir bedeuten.

Im Leben wird die Fischreuse, in der kein Fisch ist,
wieder nach Hause gebracht;
der Elefant kehrt
ins Haus seiner Eltern zurück.

Sie sind auf der Erde
und beunruhigen mich.
Das Volk macht sich lustig über mich.
Doch ob sie mich grüßen, ist mir egal,
ob sie mich nicht grüßen, ist mir egal.

Im Leben wird die Fischreuse, in der kein Fisch ist,
wieder nach Hause gebracht;
der Elefant kehrt
ins Haus seiner Eltern zurück.

TOTENGESANG

O großer Nzambi, was du tust, ist gut,
doch du gabst uns eine große Traurigkeit mit dem Tod.
Du hättest machen sollen, daß wir nicht sterben.
O Nzambi, wir sind sehr traurig.

Somali

Ich könnte ihn in Stücke reißen wie ein Löwe,
statt dessen nähere ich mich behutsam wie ein Hase.
Ich könnte ein Zerstörer sein, stark wie ein Galol-Baum,
statt dessen bin ich biegsam wie die Bo'o-Pflanze.
Ich könnte den Meereswellen gleichen,
statt dessen bin ich ruhig wie die Geiti-Quelle.
Statt mit Keule und Schild einherzugehen,
erhebe ich mich wie ein Schmetterling im Fluge.
Ich könnte mich geben wie ein Häuptlingssohn,
statt dessen gleiche ich dem Mann gemeiner Rasse.

GEBET DER FISCHER

Großer Geist, gib uns einen ruhigen See,
wenig Wind, wenig Regen,
damit die Kanus gut fahren können,
damit die Kanus schnell fahren können.

Zimbabwe

Sieh, wie über dem Flugplatz
das Flugzeug Schleifen zieht.

Baganda

Ich werde mir eine häßliche Alte kaufen.
Du weißt nicht warum?
Alle schönen Frauen sind für den König,
und die häßlichen Jungen für die Häuptlinge.

DAS TOTE KIND

Kachila, Blut von meinem Blut, laß mich dich erinnern!
Wenn ich mich an dich erinnere, wird vielleicht die ganze Welt
von meinem Schmerz wissen.
Der kleine Schmuck für den Kopf:
Ich will ihn in den Fluß werfen,
damit die Krokodile ihn sich aufzieh'n.
Oh, mein geliebtes Kind!

NIEMAND WILL DICH

Verschmähe mich, soviel du willst, meine Liebe!
Der Mais, den du ißt, ha, er ist aus Menschenaugen gemacht.
Die Tassen, aus denen du trinkst, sind Totenschädel.
Die Maniokwurzeln, die du ißt, sind Menschenknochen.
Die Kartoffeln, die du kochst, sind Menschenhände.
Verschmähe mich, soviel du willst.
Niemand will dich!

GEBET

Kabbia, des Himmels,
nimm mein Antlitz:
Du gibst mir das deine!
Das Antlitz, mit dem du beim Sterben
auferstehst und zu uns zurückkehrst,
die wir dich nicht mehr sahen.

GEBET

Vater, segne uns noch!
Vater, belohne uns noch!
Daß die Erde uns Zwiebeln gebe!
Daß sie gebe die kleine Frucht Ou!
Daß sie gebe die Nüsse der Erde!
Daß die Wolken noch regnen!

Dies ist ein Land ohne Wasser.
Frauen, kennt ihr das Land, wohin ich gehen muß?
Dies ist ein Land ohne Wasser.
Frauen, kennt ihr die Quelle, zu der ich gehen muß?
Ich bin dieser Worte müde:
„Wir haben das Land nicht gesehen."
Ich will danach fragen.

DER TOD DES KINDES

Der, der mir schöne Dinge gab, der Sohn des Noworb,
ist tot.
Erhebe dich. Warum liegst du dort?
Tue, was deine Kameraden tun, geh' und spiele.
Deine Kameraden haben sich von dir entfernt.
Wen schicke ich jetzt Wasser holen?
Wen hast du mir an deiner statt gelassen?
Sohn des Gakhubes, erhebe dich, damit ich dich auf
meinem Rücken tragen kann.

Dinka

Als Dendi am Anfang die Erde erschuf,
schuf er die Sonne,
die sich erhebt und verbirgt, doch zurückkehrt.
Er schuf den Mond,
der sich erhebt und verbirgt, doch zurückkehrt.
Er schuf den Menschen,
der geboren wird und stirbt und nicht zurückkehrt.

Zu der Zeit, als Dendi alle Dinge schuf,
schuf er die Sonne,
und die Sonne wird geboren, und stirbt, und geht von Neuem auf;
schuf er den Mond,
und der Mond wird geboren, und stirbt, und geht von Neuem auf;
schuf er die Sterne,
und die Sterne werden geboren, und sterben, und gehen von Neuem auf;
schuf er den Menschen,
und der Mensch wird geboren, und stirbt, und steht nicht wieder auf.

GEBET

Vergiß nicht, o Gott,
mir eine europäische Lampe zu geben
und auch Öl!

EINE FRAGE AN GOTT

(Ein Gesang des Dichters Duho)

Warum hast du mich auf die Welt geschickt?
Hätte ich gewußt, ich wäre nicht gegangen.
Das Kind ist unwissend im Leib seiner Mutter.
Hätte ich gewußt, ich wäre im Jenseits geblieben.

BITTE UM WASSER

Das Herz deiner Kinder ist heiß.
Sie haben Durst und werden sterben.
Darum bitten wir dich um ein wenig Kühle,
ein wenig Kühle auch für ihre Kehlen.

Der Tod ist immer bei uns gewesen.
Die schwere Last begann vor langer Zeit.
Und ich kann diese Fesseln nicht lösen.
Dem Wasser ist kein Salzkorn zu groß –
es löst es auf.
Und so fahren ins Reich der Toten
auch die Guten hinab.

GEBET

Gott der Erde, mein Herr, du bist über mir, ich bin unter dir.

Wenn Unglück über mich kommt, wenn die Bäume mir die Sonne verdunkeln, nimm das Verderben von mir, Herr, sei mein schützender Schatten.

Dich anrufend verbringe ich den Tag, dich anrufend verbringe ich die Nacht. Wenn der Mond in der Ferne aufgeht, verlaß mich nicht. Wenn ich aufstehe, verlasse ich dich nicht. Nimm die Gefahr von mir.

Gott, mein Herr, Sonne aus dreißig Strahlen, wenn der Feind naht, so laß nicht zu, daß der deinen Erdenwurm tötet, nimm ihn weg.

So als wenn wir einen Wurm sehen: Wenn es uns Spaß macht, zerdrücken wir ihn, wenn es uns Spaß macht, lassen wir ihn leben: So wie auch wir einen Wurm am Boden zerdrücken, wenn es dir Spaß macht, zerdrück auch du uns auf der Erde.

Wenn ich einen oder zwei Männer sehe, erkenne ich sie, wenn ich sie mit den Augen sehe; du, obwohl du keine Augen hast, siehst in dir selbst.

Ein böser Mann hat alle Leute aus seinem Haus vertrieben, er hat die Kinder und die Mutter wie Hühner auseinandergetrieben. Der böse Feind hat die Kinder von der Hand der Mutter gerissen und sie getötet. All das hast du zugelassen. Warum hast du das getan? Du allein weißt es.

Du hast das Korn wachsen lassen. Du hast es vor unsere Augen gebracht: der Hungrige tröstete sich, als er es ansah.

Als der Weizen in Blüte stand, hast du die Heuschrecken und anderen Insekten, die Grashüpfer, und die Tauben geschickt. All das ist aus deiner Hand gekommen. Du bist es, der das getan hat. Warum hast du es getan? Du allein weißt es.

Mein Herr, vergib den Menschen, die dich bitten. Wie der Besitzer des Korns denjenigen fesselt, der sein Korn stiehlt, so fessele auch du uns, mein Herr. Wenn du den gefesselt hast, den du liebst, so binde auch den los, den du liebst. Wenn du mich also liebst, binde mich los, der ich dich von Herzen bitte.

Wenn ich nicht von Herzen zu dir rufe, so hörst du mich nicht. Wenn ich von Herzen rufe, so weißt du es, so hörst du es.

GEBET

Höre uns, uralter Gott, du, der du Ohren hast!
Sieh uns an, uralter Gott, du, der du Augen hast!
Nimm uns auf, uralter Gott, du, der du Hände hast!
Wenn du die schönen Pferde liebst, so nimm sie.
Höre uns, Gott.

Strahlende Sterne in der weißen Nacht,
Mond, der du dort oben scheinst,
in den Wald eindringst mit deinen bleichen Strahlen,
Sterne, Freunde der weißen Geister,
Mond, ihr Beschützer!

Geister des Waldes, Gespenster der Nacht,
die während des lichten Tages
wie die Fledermaus, die der Menschen Blut saugt,
an den glitschigen Wänden der großen Höhlen hängen,
hinter dem grünen Moos, hinter den großen, weißen Steinen.
Sage uns: Wer hat sie gesehen, die Gespenster der Nacht,
sage uns: Wer hat sie gesehen?

DER ELEFANT

Im triefenden Wald, unter dem Abendwind,
hat sich die schwarze Nacht zufrieden schlafen gelegt.
Im Himmel sind die Sterne zitternd geflohen,
Glühwürmchen, die zaghaft leuchten und dann ausgehen;
dort droben der Mond ist dunkel, sein weißes Licht
ausgegangen.
Die Geister sind unterwegs.
Elefantenjäger, nimm deinen Bogen!
Elefantenjäger, nimm deinen Bogen!

Der Baum schläft im finster'n Wald, seine Blätter sind tot,
die Affen haben die Augen geschlossen, sie hängen dort oben in
den Ästen.
Die Antilopen schreiten leise,
sie fressen frisches Gras und spitzen die Ohren,
sie heben den Kopf und horchen erschreckt.
Die Grille schweigt, hält ein in ihrem schrillen Gesang.
Elefantenjäger, nimm deinen Bogen!
Elefantenjäger, nimm deinen Bogen!

Im regengepeitschten Wald
trottet schwer Vater Elefant *baou, baou,*
ohne Acht und ohne Angst, seiner Kraft ganz sicher,
Vater Elefant, den niemand besiegen kann,
hält inne zwischen umgestürzten Bäumen und geht dann weiter.
Er frißt, er grunzt, er stürzt die Bäume um und sucht sein
Weibchen.

Vater Elefant, weithin warst du zu hören.
Elefantenjäger, nimm deinen Bogen!
Elefantenjäger, nimm deinen Bogen!

Im Wald, wo niemand außer dir einhergeht,
Jäger, habe Mut, springe und laufe,
dort ist dein Fleisch, das große Stück Fleisch,
das Fleisch, das wie ein Berg daherkommt,
das Fleisch, das das Herz höher schlagen läßt,
das Fleisch, das im Feuer braten wird,
das Fleisch, in das sich deine Zähne schlagen,
das leck're rote Fleisch und das Blut, das du dampfend trinkst.
Elefantenjäger, nimm deinen Bogen!
Elefantenjäger, nimm deinen Bogen!

NKU'S GESANG

Der Wald ist groß, der Wind ist gut.
Vorwärts, ihr Be-ku, den Bogen auf die Schulter!
Hierhin und dorthin, hierhin und dorthin!
Ein Wildschwein! Wer tötet das Wildschwein?
Das war Nku. Aber wer ißt es dann auf? Armer Nku!
Schlachte es trotzdem. Du bekommst die Eingeweide.
Schschschsch! Da fällt ein Elefant.
Wer nimmt sich die Stoßzähne? Armer Nku!
Schieß' ihn trotzdem. Sie werden dir den Schwanz geben.
Ohne Haus, wie die Affen.
Wer geht Honig sammeln? Das macht Nku.
Aber wer ißt ihn dann, bis ihm schlecht wird? Armer Nku!
Sammle ihn trotzdem. Sie werden dir das Wachs geben.
Die Weißen sind da. Die guten Weißen!
Wer tanzt? Das macht Nku!
Aber wer raucht den Tabak? Armer Nku!
Aber setz' dich trotzdem, und streck' die Hand aus.

BESCHWÖRUNG DES MENSCHENFRESSERGEISTES

Ogiri, du, der du Menschen fraßest, als du lebtest,
Ogiri, komm' nicht an uns're Hütten!
Wir haben deine Augen leuchten sehen in der schwarzen Nacht,
o, Ogiri!
Wir haben deine Zähne *kra, kra* machen gehört,
du, der du Menschen fraßest, als du lebtest,
o, Ogiri, den wir so gut kennen,
komm' nicht an uns're Hütten!

Getrieben von den bösen Geistern des Waldes
der alte Elefant, Führer der Herde,
er, der allein geht, und den die Weibchen nicht mehr wollen,
o, Vater Elefant, wo ist deine Manneskraft?
Die Kraft, mit der du dich so sehr gebrüstet hast?
Getrieben von den bösen Geistern des Waldes
kommt der alte Elefant an uns're Hütten.
Daß dein Auge sie nicht sehe, Vater Elefant!
Daß dein Ohr das kleine Kind nicht höre, das da schreit *nja, nja,*
daß dein Fuß, der große, uns're Hütten nicht treffe,
o Vater Elefant, oh Vater Elefant!

Vielleicht weiß es der Wind, der da einherkommt.
Seine Knochen sind dort, tief unten.
Sind sie dort unten, die Geister? Sind sie hier?
Sehen sie die Gaben, die wir ihnen bringen?
Das Morgen bringt Leere und Nacktheit;
denn der, der alles gemacht hat, ist nicht mehr hier,
er ist nicht mehr hier, der uns einlud, am Feuer zu sitzen.

GESANG ZUR EINWEIHUNG DER WAFFEN

Khmvoum, o Khmvoum, du bist der Herr,
o Schöpfer, Herr unser aller,
Herr des Waldes, Herr der Dinge,
Herr der Menschen, o Khmvoum.
Und wir, die kleinsten, sind deine Diener.
Herr der Menschen, o Khmvoum,
befiehl, o Herr des Lebens und des Todes,
und wir gehorchen dir.

GESANG ZUR DARBRINGUNG EINES KINDES

Dir, dem Schöpfer, dir, dem Mächtigen,
bringe ich diesen neuen Sproß,
die frische Frucht vom alten Baum.
Du bist der Herr, wir sind deine Kinder.
Dir, dem Schöpfer, dir, dem Mächtigen,
Khmvoum, Khmvoum,
bringe ich dieses neue Pflänzchen.

AN DIE MONDGÖTTIN

Mutter Mond, Mutter Mond, eh!
Mutter alles Lebenden,
höre uns, Mutter Mond,
horch auf unsere Stimme, Mutter Mond,
Mutter Mond, Mutter Mond, eh!

TOTENGESANG

Das Geschöpf wird geboren und welkt und stirbt,
und danach kommt die große Kälte.
Chor: Die große Kälte der Nacht, die Finsternis.
Der Vogel kommt und fliegt und stirbt,
und danach kommt die große Kälte.
Chor: Die große Kälte der Nacht, die Finsternis.
Der Fisch schwimmt und verschwindet und stirbt,
und danach kommt die große Kälte.
Chor: Die große Kälte der Nacht, die Finsternis.
Der Mensch wird geboren und ißt und schläft
und verschwindet,
und danach kommt die große Kälte.
Chor: Die große Kälte der Nacht, die Finsternis.
Und der Himmel wird hell, die Augen sind geschlossen,
die Sterne glänzen.
Chor: Die Kälte hier unten, das Licht dort oben.
Der Mensch ist gegangen, der Gefangene ist frei,
der Schatten verflog.
Chor: Der Schatten verflog.
Khmvoum, Khmvoum, höre unseren Schrei.
Chor: Khmvoum, Khmvoum, höre unseren Schrei.

GEBET

O Großvater, alles, was mein ist,
sei reichlich!

Gib mir Fruchtbarkeit, o Mbali,
gib mir Fruchtbarkeit, daß ich ein Kind bekomme.

GEBET

O Waka, du gabst mir diesen Büffel,
diesen Honig, diesen Wein.

Gott hat uns verlassen.
Der Schöpfer der Sonne gibt uns kein Leben.
O blasser Mond,
der Schöpfer der Sonne gibt uns kein Leben.

Viele Tage sind vergangen,
wir sind die Erde, die wandert.
Vielleicht haben wir helle Tage vor uns.
Wir werden nicht wie die Tiere geboren.
Wenn wir zur Welt kommen, sieht der Schöpfer uns an,
und wir sehen ihn an, das Antlitz erhoben zum Himmel . . .

Pygmäen

Die Nacht ist dunkel, der Himmel ist schwarz,
wir haben das Dorf unserer Väter verlassen,
der Schöpfer ist zornig auf uns.

Das Licht verdunkelt sich uns,
die Nacht und wieder die Nacht,
morgen der Tag voller Hunger.
Der Schöpfer ist zornig auf uns.
Die Alten gingen fort.
Ihre Knochen sind dort, irgendwo, unten.
Ihre Geister bewegen sich fliegend.
Wo ist es, wo sie fliegen?
Vielleicht weiß es der Wind, der vorbeiweht.
Ihre Knochen sind dort, irgendwo, unten.
Sind unten die Geister? Sind sie hier?
Sehen sie die Opfer, die wir ihnen bringen?
Morgen ist Leere und Nacktheit,
denn der Schöpfer ist nicht mehr hier,
er ist nicht mehr hier, der am Feuer sitzend uns einlud.

GEBET ZU KHWA, DEM REGENBOGEN

Khwa! Regenbogen! O Regenbogen!
Der du glänzt in der Höhe, so hoch
über dem unermeßlichen Urwald,
zwischen den schwarzen Wolken,
zerteilend den schwarzen Himmel.
Siegreich hast du gestürzt
den Donner, der grollte,
der so heftig grollte, sehr zornig.
War er zornig auf uns?
Zwischen den schwarzen Wolken
zerteilst du den dunklen Himmel
wie ein Messer die reife Frucht,
Regenbogen, Regenbogen!
Schon floh
der Donner Menschentöter,
wie die Antilope vor dem Panther flieht,
fliehend verschwand er,
Regenbogen, Regenbogen!
Mächtiger Bogen des himmlischen Jägers,
des Jägers, der die Herde der Wolken verfolgt
wie eine fliehende Elefantenherde,
Regenbogen, bring ihm unseren Dank.
Sage ihm: „Ergrimme dich nicht!"
Sage ihm: „Sei nicht zornig!"
Sage ihm: „Töte uns nicht!"
Denn wir haben Angst,
Regenbogen, sage es ihm.

ERINNERUNG

Magoboreni!
Ich will einen Strauß aus Jasminzweigen binden
um den Duft der Erde Magoborenis zu riechen.

Die Gazelle, die du verwundetest,
kam, unter den Tamarinden-Bäumen zu sterben,
beim Pferch, wo meine Sklavinnen
die Wäsche waschen.
Wir fanden sie bei Sonnenuntergang,
als wir zu den Zelten zurückkehrten.
Ihre Glieder waren noch weich,
und ihre Lider
bedeckten noch nicht völlig
ihre großen traurigen Augen.
Im Schaft der Lanze,
die in ihrer Seite steckte,
erkannte ich dein Zeichen.
Werde ich wie jene Gazelle sein?
Antworte mir, um Gottes Willen, du, dessen Blick
mein Herz verwundet hat.

GEDICHT DER EBERKAOU

(Frau, die wegen ihrer Schönheit und geistigen Kraft berühmt war)

Soll ich ihn mit einem weißen Kamel vergleichen, mit einem Schild aus Tarma?
Mit einer Herde Kita-Antilopen?
Mit roten Gürtelstreifen aus Jerba?
Mit Blütenzweigen, die in einem Tal gereift sind,
wo neben ihm die Datteln reifen?

Tuareg (Nordafrika)

Amoumen ist der Faden, auf den die Perlen meiner Halskette
gezogen sind.
Er ist das Band, von dem die Talismane auf meine Brust
herniederhängen; er ist mein Leben.

Bekki, die Liebe, die ich für dich empfinde: Wie kann ich sie
verbergen?
Denn ich trage sie nicht in der Hand, wo sie sich stoßen und
herniederfallen könnte.
In meinem Herzen selbst ist sie zu Hause, dort ist sie sicher.
Hekkou, ihre Haut ist so süß wie das Zuckerbrot,
das allen Jungen so gefällt;
sie ist wie das Antilopenjunge, das zum Tigi-Fluß herniedersteigt
das von Gummibaum zu Gummibaum streift und in der
Sommernacht
die jungen Blätter frißt.

DAS HÖCHSTE WESEN

Unendlich mit seinen weißen Kleidern!
Es schläft mit seinen weißen Kleidern.
Es erwacht mit seinen weißen Kleidern.
Es erhebt sich mit seinen weißen Kleidern.

Wir treffen uns im nächsten Jahr wieder.
Jedes Jahr kommt auf die Baumwollfelder
das *yemeti*-Insekt.

GEBET

Vater aller Kinder!
Mach' eine Medizin für unsere Kinder.
Unsere Kinder haben keine Medizin.

Nordamerika

Apache (USA)

Meine Braut, wir hätten in mein Haus gehen können,
aber du hattest Angst!
Als es dunkel war, hätten wir gut in mein Haus gehen können,
aber du hattest Angst!

Dort im Süden
wo die Bänke weißer Muscheln sind
wo alle Früchte reif sind
werden wir beide uns wiedersehen.

Dort, wo die Korallenbänke sind,
werden wir beide uns wiedersehen.
Wo die reifen Früchte ihren Duft verströmen
werden wir beide uns wiedersehen.

BITTE

Vater, ich bin arm.
Vater, ich bin arm.
Unser Vater wird bald Mitleid mit mir haben.
Unser Vater wird bald Mitleid mit mir haben.
Unser Vater wird mir bald Flügel geben.
Unser Vater wird mir bald Flügel geben.

KLAGE DES VERARMTEN STAMMES

Vater, erbarme dich meiner,
Vater, erbarme dich meiner.
Ich schreie vor Durst,
ich schreie vor Durst.
Alles ist verschwunden – ich habe nichts zu essen,
alles ist verschwunden – ich habe nichts zu essen.

DIE SEELEN KEHREN VON DER BÜFFELJAGD AUF DEN PRÄRIEN DES HIMMELS ZURÜCK

Wie hell der Mond scheint!
Wie hell der Mond scheint!
Während ich reite in dieser Nacht, beladen mit Büffelfleisch,
während ich reite in dieser Nacht, beladen mit Büffelfleisch.

GEBET

Vater, habe Erbarmen mit mir!
Vater, habe Erbarmen mit mir!
Ich schreie vor Durst,
hier sättigt mich nichts!

Meine Kinder, anfangs liebte ich die Weißen,
meine Kinder, anfangs liebte ich die Weißen,
ich gab ihnen Früchte,
ich gab ihnen Früchte.

DER AUFSTIEG ZUM HIMMEL

Unser ganzes Volk steigt hinauf,
unser ganzes Volk steigt hinauf,
dorthin, wo der Vater wohnt,
dorthin, wo der Vater wohnt,
dorthin, wo unser Volk lebt,
dorthin, wo unser Volk lebt.

DIE REISE ZUM HIMMEL

Kommt, Caddo, wir ziehen alle nach oben,
kommt, Caddo, wir ziehen alle nach oben,
ins große Dorf,
ins große Dorf,
zu unserem Vater dort oben,
zu unserem Vater dort oben,
dort in der Höhe wo er wohnt,
wo unsere Mutter wohnt,
wo unsere Mutter wohnt.

GESANG

Jetzt wird nichts mehr meine Seele trüben.
Sprich nicht mit mir. O wär' ich doch tot
mit meiner Schwester.

GESANG

Es macht mir nichts aus
wenn du mich verläßt.
Bald werde ich einen anderen haben.
Das ist nicht schwer für mich.

Ich bin sehr fröhlich
   wenn der Dampf kommt.
Ich könnte heulen
   wenn der Dampf geht.

Chippewa (USA)

Die Sioux-Frauen
kommen und gehen, sie weinen.
Während sie
ihre Verwundeten holen,
dringen ihre Schreie bis zu uns.

Ich frage mich
ob sie wirklich gedemütigt ist
– die Sioux-Frau –
der ich den Kopf abschnitt.

Obwohl er es mir sagte
bin ich
immer noch gerührt
wenn ich an ihn denke.

Während meine Augen über die Prärie schweifen
spüre ich den Sommer im Frühling.

Du hoffst umsonst, daß ich wegen dir komme;
ich will deine jüngere Schwester sehen.

GESANG

Ich werde in eine Hütte gehen
in eine Hütte werde ich gehen.

In deine Hütte, meine Geliebte,
werde ich eines nachts gehen, werde ich gehen.

Heute nacht noch, meine Geliebte,
werde ich in deine Hütte, werde ich gehen.

Ich dachte, es sei eine Ente,
aber es war das Paddel meines Geliebten im Wasser.
Er ist nach Sault Ste. Marie gefahren,
mein Geliebter ging vor mir fort,
nie werde ich ihn wiedersehen.
Ich dachte, es sei eine Ente,
aber es war das Paddel meines Geliebten im Wasser.

Schön wie ein Stern
der im Himmel strahlt:
unsere *Midé-Hütte.*

Er muß sehr traurig sein
weil er mich betrog
und mich vergaß
in den Jahren
meiner Jugend.

GESANG DER TROMMELPAUSE IN EINER MIDÉ – INITIATIONSZEREMONIE

Wenn ich eine Pause mache –
  das Gerücht
  im Dorf.

Ahornzucker
  ist das einzige
  was ich will.

GESANG DES DONNERS

Manchmal
  tue ich mir selber leid,
  wenn mich die Winde
  durch den Himmel ziehen.

DAS GEWITTER

Von der anderen Hälfte
des Himmels
von dem, was dort wohnt,
dringt Lärm herüber.
Dieser blaue Himmel
wenn ich mit ihm spreche
antwortet er mir.

GESANG DES PFEILS

Rot
  ist seine Spitze.

Der Himmel
  geht mit mir.

Dieser blaue Himmel!
Wenn ich zu ihm spreche,
antwortet er mir.

Meine Musik
  steigt
  bis zum Himmel.

(ohne Sinn)

Ya hi yu niva hu
hi yu niva hi yu niva hu
ya hi yu niva hi na he ne na
hi ya hi nahi ni na
hi yu niva hu
hi yu niva hi yu niva hu
ya hi yu niva hi ya he ne na

DIE WELT DER GEISTER

Wir werden wieder leben,
wir werden wieder leben.

GEBET

Du siehst mich an,
ich bin elend.

Ach, daß sie sich doch endlich beruhige,
die See im Fjord von Sermilik,
daß sie sich endlich beruhige!

Ach, daß er sich mit Licht fülle,
der tiefste Himmel im Fjord von Sermilik,
daß er sich mit Licht fülle!

DER BERG KOONAK

Der große Berg Koonak dort im Süden,
ich sehe ihn.
Der große Berg Koonak dort im Süden,
ich betrachte ihn.
Das helle Leuchten dort im Süden,
ich kann es sehen.
Hinter dem Koonak erhebt sich
das gleiche Licht, das den Koonak vom Meer her bedeckt.
Sieh', wie im Süden die Wolken
wachsen und wandern;
von einer zur andern werden sie schöner;
während der Gipfel vom Meer her bedeckt ist
mit wandernden Wolken
vom Meer her bedeckt ist,
werden sie schöner, von einer zur andern.
Der Herbst kommt dröhnend
mit dem heftigen Wind aus dem Norden.

Hart schlägt er alles mit seiner Stärke.
Das Meer droht, meinen Kajak zu drehen.
Und ach, ich zitt're, ich zitt're, weil der Wind und das Meer
mich in die Tiefe schicken können,
auf den schlammigen Meeresboden voller Muscheln.
Selten nur sehe ich Windstille,
die Wellen spielen mit mir,
und ich zitt're, ich zitt're, und denke an die Stunde
wenn hungrige Möwen an meinem Körper picken werden.

DORT KONNTE ICH AN NICHTS ANDERES DENKEN

Dort konnte ich an nichts anderes denken,
unter mir, als es im Wasser schnaubte.

Als das Fleisch meiner Suppe auftauchen wollte,
unter mir, konnte ich an nichts anderes denken.

All meine Aufmerksamkeit auf der Harpune, die ich gemacht hatte
und die micht mit Macht auf- und niederzerrte.

Dort konnte ich an nichts anderes denken,
das leckere Tier (konnte ich an nichts anderes denken).

Meine Kameraden sind das Karibu jagen gegangen.
Das Karibu (konnte ich an nichts anderes denken).

Dort konnte ich an nichts anderes denken,
als das Karibu mit seinem Geweih auf mich zukam.

Als ich in meinem Erdloch lag, die Ohren gespitzt,
kam das Karibu auf mich zu.

Gestern nacht habe ich von dir geträumt:
Du gingst über die Kiesel des Strandes
mit mir.
Ich träumte von dir
als ob ich wach sei,
Ich folgte dir,
Schöne,
wie einem jungen Seehund.
Ich begehrte dich, so wie der Jäger
brennend den jungen Seehund haben will,
der taucht, wenn er sich verfolgt fühlt.
So geschah es
mit mir.

GESANG DES KRANKEN IKINILIK

Ich, der ich nicht mehr draußen umherwandere,
und nicht mehr in die große, weite Luft gehe seit letztem Winter,
weil ich dort nur ohnmächtig werde,
ich, der ich nicht mehr nach draußen gehe.
Das Treiben in der weiten Luft verschafft gewöhnlich Essen,
ist für gewöhnlich gut.
Ich, der ich nicht mehr weit gehe
ins große Eis seit dem letzten Winter,
weil ich nur ohnmächtig werde,
mein Jagdgeschirr gebrauche ich nicht mehr,
meine Angelschnur, seit letztem Winter.
Und trotzdem will mein Magen,
sehnt sich mein Magen nach Fleisch. – Ich Armer,
der ich für gewöhnlich ein Loch ins Eis hacke, wo ich es nicht sollte.

FJORD IM FRÜHLING

Ich fuhr in meinem Kanu
ich fuhr auf dem Meer
ich paddelte
leicht über den Ammassivik-Fjord.
Es war Eis im Wasser,
und auf dem Wasser eine Sturmschwalbe,
sie bewegte den Kopf von einer Seite auf die andere
und sah mich nicht paddeln.
Plötzlich sah ich nur noch den Schwanz
und dann gar nichts mehr.
Sie tauchte, aber nicht wegen mir:
ein großer Kopf über dem Wasser,
der große zottige Seehund
riesiger Kopf mit riesigen Augen, und Schnauzbart,
ganz glänzend, Wasser sprühend,
und der Seehund kam langsam auf mich zu.
Warum ich ihn nicht harpunierte?
Tat er mir denn leid?
War es wegen des Tages, des Frühlingstages, und weil der Seehund
in der Sonne spielte
wie ich?

DAS LIED DES EHEMANNS

Meine hübsche kleine Frau, meine hübsche kleine Frau,
weine nicht, denk' nicht an dein Elternhaus,
denk' nicht an dein Elternhaus,
hier wirst du Tran essen,
herrlichen Tran,
und Augen, köstliche Augen,
all das wirst du bekommen.
Und zarte und saftige Lenden
wirst du haben,
zarte und saftige Lenden.

Jetzt denke ich
an das Kommen der ersten Frühlingstage
als ich jung war.
Ich war ein so guter Jäger!
Stimmt es denn nicht, daß ich es war?
Ich sehe jetzt in der Erinnerung
einen Mann in einem Kanu;
er paddelt langsam zum Seeufer
und zieht viele harpunierte Karibus hinter sich her.
Wie glücklich bin ich
in meiner Erinnerung, auf Jagd in einem Kanu.
Auf der Erde war ich nicht so erfolgreich
mit den Karibu-Herden.
Und wenn man alt ist und an seine Jugend denkt
erinnert man sich gerne der Dinge
mit denen man erfolgreich war.

DER SOMMER

Ah, die Wärme des Sommers auf der Erde!
Nicht ein Windhauch,
nicht eine Wolke,
und über die Berge
ziehen die Rentiere.
Ah, die geliebten Rentiere
in der blauen Ferne!
Ah, das Entzücken!

Ah, welche Freude!
Ich werfe mich auf die Erde, und schluchze.

Immer erfüllt mich der Neid, wenn ich sie ihre
Gesänge-der-Trommel
singen höre.
Ich fühle mich gedemütigt.
Ja, es stimmt: in der Kunst, Gedichte zu machen
(und das Boot zu versenken)
bin ich kein Meister!

Wenn ich mein Haus verlasse und draußen umherziehe
bin ich glücklich.
Wenn ich auf dem Meer umherziehe
bin ich glücklich.
Wenn das Wetter gut ist
bin ich glücklich.
Wenn der Himmel leergefegt ist
bin ich glücklich.
Hoffentlich bleibt es so
für den Seehundfang.
Hoffentlich bleibt es so
für den Tag des Sängerwettstreits.
Hoffentlich bleibt es so
für den Tag meines Gesang-der-Trommel.

Ich sehe dich, Land von Nunarsuit.
Die Gipfelspitzen sind in Wolken gehüllt.
Die Berge fallen nach Süden ab,
nach Usuarsuk.
Wer möchte an einem so traurigen Orte leben?
Das Land ist ganz mit Eis bedeckt
und die Menschen, die dort leben, können nicht reisen,
bis der Frühling schon weit voran ist.

GESANG DES KUK-UK, DES BÖSEN BUBEN

Ich fahr' von zu Haus weg
in einem großen Boot
ein hübsches Mädchen zu fangen;
ich bring' ihr Perlen,
von denen, die wie gebacken aussehen,
und nach einer Weile
kehr' ich nach Haus zurück,
ruf' alle meine Verwandten
und geb's ihnen mit dem Stock.
Heut' noch will ich zwei Mädchen heiraten,
Eins von den beiden süßen Schätzchen
will ich in geschecktes Seehundfell kleiden,
und die andere Teure
soll nichts weniger als Robbenfell tragen.

Eskimo (Alaska)

Der gewitzte Ährenvogel
kommt schnell
aus seinem Nest
und schreit: *Wiutiu!*

WIEGENLIED

Da ist mein kleines Dickerchen
ich spüre es in meiner Kapuze,
und wie schwer es ist!

Ya, ya! Ya, ya!

Wenn ich den Kopf wende,
lächelt mein Kind mir zu,
versteckt in meiner Kapuze,
und wie schwer es ist!

Ya, ya! Ya, ya!

Wie hübsch wenn es lächelt
mit seinen zwei Zähnen wie ein Walroß.
Ich freue mich, daß es so schwer ist,
weil meine Kapuze voll ist!

O Gute Sonne,
habe Mitleid mit uns:
scheine, scheine für uns, o Sonne,
ziehe die schwarzen und nassen Wolken ein,
verwahre sie unter dem Arm,
damit die Regen nicht mehr fallen.
Denn deine Freunde sind hier versammelt am Strand
und bereit für die Jagd.
Darum sieh auf uns herab mit Liebe, o Gute Sonne!
Gib uns Frieden in unserem Stamm
und Frieden mit unseren Feinden.
Wir rufen wieder und wieder.
Höre uns, höre uns, o Gute Sonne.

Ich habe das schöne Mädchen zur Frau genommen.
Ich habe sie ihren Freundinnen entführt.
Ich hoffe, ihre Eltern kommen sie nicht holen.
Ich will gut zu ihr sein.
Ich werde ihr Beeren geben, Waldbeeren,
und die Wurzeln der Erde.
Ich werde alles tun, damit sie glücklich ist.
Für sie habe ich dieses Lied gemacht, für sie singe ich es.

LIED

Wunderschön ist sie, diese Frau,
wie eine Bergblume;
aber kalt, kalt ist sie,
wie die verschneiten Gipfel
wo sie wächst.

GEBET

O Oki, der du wohnst an diesem Ort,
ich opfere dir diesen Tabak.
Hilf uns, laß uns nicht Schiffbruch erleiden,
verteidige uns vor unseren Feinden,
mach, daß wir guten Handel haben
und das wir glücklich nach Hause zurückkehren.

MEIN VATER

Mein Vater hat viel Erbarmen mit uns,
mein Vater hat viel Erbarmen mit uns.
Ich erhebe meine Hände zu ihm und weine,
ich erhebe meine Hände zu ihm und weine.
In meiner Armut erhebe ich meine Hände zu ihm und weine,
in meiner Armut erhebe ich meine Hände zu ihm und weine.

GEBET

Weil ich arm bin,
weil ich arm bin,
bete ich für alle Lebewesen,
bete ich für alle Lebewesen.

LIED FÜR DEN TANZ DES GROSSEN GEISTES

Der Vater wird herabsteigen
die Erde wird beben
alle Welt wird auferstehen
breitet die Hände aus.

MEIN VATER

Mein Vater hat sich meiner erbarmt.
Ich habe Augen wie die Augen meines Vaters,
ich habe Hände wie die Hände meines Vaters,
ich habe Beine wie die Beine meines Vaters,
ich habe eine Gestalt wie die Gestalt meines Vaters.

DAS KOMMEN DER NEUEN ERDE

Das Heer der Geister kommt näher, sagt man uns.
Das Heer der Geister kommt näher, sagt man uns.
Sie kommen mit dem Büffel, sagt man uns.
Sie kommen mit dem Büffel, sagt man uns.
Sie kommen mit der neuen Erde, sagt man uns.
Sie kommen mit der neuen Erde, sagt man uns.

DER WIND DER PRÄRIE

Dieser Wind, dieser Wind,
läßt mein Zelt erzittern, läßt mein Zelt erzittern,
und singt ein Lied für mich,
und singt ein Lied für mich.

GRAUSIGER GESANG

(Vor dem Essen von Leichenfleisch gesungen)

Du bist der Große Geist, Menschenfresser aus dem Norden.
Du suchst dir die Menschen, die du verschlingen willst, großer Zauberer!
Du ziehst den Menschen die Haut ab, du hast Lust, viele zu zerstören!
Alle zittern vor dir, der du am Ende der Welt gewesen bist . . .

Du hast ein hartes Herz mit mir,
du hast ein hartes Herz mit mir, meine Liebe.
Du bist grausam mit mir,
du bist grausam mit mir, meine Liebe.
Denn ich bin es leid, darauf zu warten,
daß du zu mir kommst, meine Liebe.
Bald wird der Schrei anders, mit dem ich dich rufe, meine Liebe.
Ah, ich werde in die Unterwelt niederfahren und von dort nach dir rufen, meine Liebe!

Menominee (USA)

Es wird der Tag kommen, an dem du an mich denkst und weinen wirst, meine Liebe.

Am Himmel
ein Rauschen
wie das Flüstern der Bäume.

GEBET

Glücklich möge ich wandern.
Glücklich mit reichlichen schwarzen Wolken möge ich wandern.
Glücklich mit reichlichem Regen möge ich wandern.
Glücklich mit reichlichen Pflanzen möge ich wandern.
Glücklich auf einem Pfad voller Blütenstaub möge ich wandern.
Glücklich möge ich wandern.
Genau wie in fernen Tagen möge ich heute wandern.
Alles sei schön vor mir.
Alles sei schön hinter mir.
Alles sei schön unter mir.
Alles sei schön über mir.
Alles sei schön um mich herum.
In Schönheit endet dies.
In Schönheit endet dies.

Dort steht das Eichhörnchen mit seinem Brustlatz.
Dort steht das Eichhörnchen mit seinem Brustlatz.
Schmal steht es dort; mit seinen Streifen steht es dort.

Navajo (USA)

Die Stimme, die der Erde Schönheit gibt!
Die Stimme aus der Höhe,
die Stimme des Donners,
aus schwarzen Wolken
klingt wieder und wieder
die Stimme, die der Erde Schönheit gibt.

Die Stimme, die der Erde Schönheit gibt!
Die Stimme aus der Tiefe,
die Stimme der Grashüpfer,
zwischen Blumen und Kraut
klingt wieder und wieder
die Stimme, die der Erde Schönheit gibt.

GEBET

Glücklich möge ich wandern.
Glücklich mit großen schwarzen Wolken möge ich wandern.
Glücklich mit viel Regen möge ich wandern.
Glücklich über einen Weg voll Blütenstaub möge ich wandern.
Glücklich möge ich wandern.
So wie in weit entfernten Tagen möge ich wandern.
Alles möge schön sein vor mir.
Alles möge schön sein hinter mir.
Alles möge schön sein unter mir.
Alles möge schön sein über mir.
Alles möge schön sein um mich herum.
In Schönheit ende dies.
In Schönheit ende dies.

GEBET

Wakanda, habe Erbarmen mit mir, denn ich bin arm.
Gib mir, was ich brauche,
hilf, daß ich meine Feinde besiege.
Schenk mir deinen Beistand,
damit ich viele Pferde stehle.

Wie soll ich meine Gesänge beginnen,
in der blauen Nacht, die jetzt kommt?

In der tiefen Nacht wird mein Herz hinausgehen,
die Schatten kommen klingend auf mich zu.
In der tiefen Nacht wird mein Herz hinausgehen.

TELEGRAFENLEITUNG

Nach Westen führt ein Weg aus Eisen,
über ihn streckt sich ein Eisen,
flüsternd streckt es sich.

LIED

Ich bin früh aufgestanden
am blauen Morgen;
meine Liebe war vor mir aufgestanden,
kam auf mich zugelaufen, aus dem Tor der Morgenröte.

In den Papago-Bergen
sah mich die todgeweihte Beute
mit den Augen meiner Liebe an.

Zeige mir, ob dies wirklich ist,
zeige mir, ob dies wirklich ist,
zeige mir, ob dies wirklich ist,
zeige mir, ob dies wirklich ist,
dieses Leben, das ich lebe?
Du, der du den Himmel besitzt,
zeige mir, ob dies wirklich ist,
dieses Leben, das ich lebe.

DIE HIMMEL SPRECHEN

Ich betrachte, ich betrachte,
die Wolken sprechen zu mir.
Ich sage: „Du bist die Macht der Welt,
ich verstehe dies nicht, ich weiß nur, was man mir sagte,
du bist die Macht der Welt, du sprichst jetzt zu mir,
dies ist deine Macht, Himmel."

GESANG DES TIRIRAKTAWIRUS, ALS ER ALLEIN IN DEN KRIEG ZOG

Du, der du die Himmel hast.
Ich lebe.
Ich vertraue auf dich.
Wieder einsam in den Krieg.

Vater, zu Dir schreien wir.
Vater, zu Dir schreien wir.
Vater, zu Dir schreien wir.

Ich weiß nicht, ob meine Lieder bis zum Himmel gelangen.
Ich weiß nicht, ob meine Lieder bis zum Himmel gelangen.

VISION-ERINNERUNG AN DIE BÜFFEL (I)

Ah! Ah! Ah!
Sieh nur! Dort weit entfernt in der Vergangenheit. Sieh nur! Ein Punkt.
Sieh nur! Dort weit entfernt in der Vergangenheit. Sieh nur! Ein Punkt.
Sieh nur! Dort weit entfernt in der Vergangenheit. Sieh nur! Ein Punkt.

Ah, ah, ah!
Sieh nur! Jetzt in der Gegenwart. Sieh nur! Viele Punkte.
Sieh nur! Jetzt in der Gegenwart. Sieh nur! Viele Punkte.
Sieh nur! Jetzt in der Gegenwart. Sieh nur! Viele Punkte.

VISION-ERINNERUNG AN DIE BÜFFEL (II)

Eh, eh, eh!
Dort stampfen sie, dort stampfen sie,
in Staubwolken stampfen sie,
dort stampfen sie,
in Staubwolken stampfen sie.

Eh, eh eh!
Da kommt ein Kälbchen, da kommt ein Kälbchen,
die Büffelkuh kommt mit dem Kälbchen,
da kommt ein Kälbchen,
die Büffelkuh kommt mit dem Kälbchen.

Sogar die Würmer:
Sie lieben sich.

Ich bringe die ganze Nacht damit zu,
an jenes andere Bett zu denken.

Vater, zu Dir rufen wir.
Vater, zu Dir rufen wir.
Vater, zu Dir rufen wir.

DIE SCHNEEBERGE UNTER DEM STERNENHIMMEL

Dort ist der Schnee,
dort ist der Schnee,
dort ist der Schnee,
dort ist der Schnee,
dort ist die Milchstraße,
dort ist die Milchstraße.

DAS GEWITTER

Die Steine dröhnen,
die Steine dröhnen,
die Steine dröhnen.
Sie dröhnen in den Bergen,
sie dröhnen in den Bergen,
sie dröhnen in den Bergen.

DAS LIED DES WINDES

Der Wind wiegt die Weiden,
der Wind wiegt die Weiden,
der Wind wiegt die Weiden,
der Wind weht durchs Kraut,
der Wind weht durchs Kraut,
der Wind weht durchs Kraut.

LIED DER NATURKRÄFTE

Nebel! Nebel!
Blitze! Blitze!
Wirbelwind! Wirbelwind!

Sehr lange, sehr lange
ist der Schnee auf den Bergen gewesen.

Die Rehe und Hirsche mit großem Geweih sind
heruntergekommen,
sie sind der Sonne nach Süden gefolgt,
um die Schoten des Mezquite-Baumes und Gras zu fressen.
Die Donnertrommeln dröhnen laut
in den Zelten der Berge.
Sehr lange, sehr lange
haben wir Chia-Samen gegessen
und gesalzenes Hirschfleisch vom Sommer.
Wir sind unserer Hütten müde
und unserer verräucherten Kleider.

Wir sehnen uns sehr nach der Sonne
und den Kräutern der Berge.

DIE ERSCHAFFUNG DER STERNE

Ich habe die Sterne gemacht!
Ich habe die Sterne gemacht!
Ich setzte sie über die Erde.
Ich machte alle Dinge, die oben sind,
und ließ sie dort, damit sie leuchten.

Auch wenn ich eine arme Hure bin,
entzündet sich mein Herz mit dem Gesang,
wenn der Abend noch jung ist.
Mein Herz entzündet sich mit dem Gesang.

Seminolen (USA)

Sie bringen uns weiter als Miami,
sie bringen uns weiter als zum Caloosa-Fluß,
sie bringen uns ans Ende unseres Stammes.
Sie bringen uns nach Palm Beach, bringen uns zurück ans Ufer des Okeechobese-Sees,
sie bringen uns in ein altes Dorf im Westen.

EIN LIED DES SITTING BULL

Ein Krieger
bin ich gewesen.
Das ist nun vorbei.
Mein Leben
ist hart.

Die Eulen schreien mir nach.
Die Eulen schreien mir nach.
So höre ich es
mein ganzes Leben.
Die Wölfe heulen mir nach.
Die Wölfe heulen mir nach.
So höre ich es
mein ganzes Leben.

ALS EINE BOTSCHAFT AUS WASHINGTON ANKOMMT

Der große weiße Vater
hat gesprochen
so sagt man uns
„Dakota,
werdet Bürger“,
so hat er gesprochen,

sagt man uns,
aber
mir ist es unmöglich:
Die Bräuche der Dakota
liebe ich
habe ich gesagt
darum behalte ich sie.

KLAGE EINES MÄDCHENS FÜR SEINE TOTE MUTTER

Mutter, kehr' nach Haus' zurück; kehr' nach Haus' zurück.
Mein Brüderchen weint ohne Unterlaß,
mein Brüderchen weint ohne Unterlaß.
Mutter, kehr' nach Haus' zurück; Mutter, kehr' nach Haus' zurück.

AN EINEN CROW-INDIANER

Crow-Indianer,
hüte deine Pferde,
ich bin viele Male
ein Pferdedieb gewesen.

LIED DES TRAURIGEN LIEBHABERS, DER IN DEN KRIEG ZIEHT

Wenn ihr zurückkehrt,
sagt es ihr:
Es ist lange her,
daß man mich tötete.

Die Eulen
schreien
die ganze Nacht,
schreien
die Eulen.

ZWEITER WELTKRIEG

Es herrscht Krieg auf der anderen Seite des Wassers.
Und alle Indianer werden dort hingehen.
Das sagt uns der Präsident.

DAS LIED DES BÄREN

Meine Tatze ist heilig,
alle Dinge sind heilig.

Vater, male mir die Erde auf meinen Körper.
Vater, male mir die Erde auf meinen Körper.
Vater, male mir die Erde auf meinen Körper.
Eine Nation will ich verändern.
Eine Nation von Menschen will ich heilig machen.
Vater, male mir die Erde auf meinen Körper.

WAKAN-TANKA

Wakan-tanka,
wenn ich zu ihm bete,
hört er mich.
Alles, was gut ist,
Wakan-tanka gibt es mir.

GEBET

ich verspreche dir ein Baumwollhemd und ein Kleid,
o Wakanda.
Auch eine Decke will ich dir geben,
bringst du mich heil und gesund in mein Zelt,
nachdem ich einen Pawnee getötet habe.

VISION VON DEN PRÄRIEN DES HIMMELS

Nun baue das Zelt,
nun baue das Zelt.
Unten ringsherum,
unten ringsherum,
pflanze die Pfähle,
pflanze die Pfähle,
während ich das Essen koche,
während ich das Essen koche.

GEBET

Großvater,
ich will meine Stimme erheben,
höre mich!
Im ganzen Weltall
soll meine Stimme erschallen,
höre mich,
Großvater!
Ich will leben!
Ich habe gesprochen.

Dort in Sukwa-ke blühte eine Blume.
Und diese Blume, diese Blume, wenn ich sie jetzt sehe,
hier, ach, so weit fort, dann muß ich weinen.
Diese Blume, diese Blume, immer wenn ich sie sehe.
Dort blühte sie so herrlich, so frisch und gelb.

An irgendeinem Ort dort im Westen
gehst du jetzt Feuerholz sammeln.
Und manchmal rufst und manchmal singst du auch.
Ja, die Erinnerung hat mich schon eingeholt. Du hast mich verlassen.
Ich lachte, aber du hast mich verlassen!

Wir bringen schöne Blumen.
Melonenblüten bringen wir.
Wassermelonenblüten bringen wir.
So bringen wir jetzt die Blumen.

GEDICHT RABENFEDERS, ALS ER VON SEINER GELIEBTEN VERLASSEN WIRD

Wenn man sterben könnte wie man wollte,
wäre es leicht, mit einer Wolfsfrau zu sterben.
Sehr angenehm wäre es.

GEDICHT VON MANN-DEM-ES-NICHT-GUT-GEHT FÜR DIE PRINZESSIN THOM, DIE MEHR VON DEN MÄNNERN BESUCHT WURDE, ALS EINE TAVERNE

Selbst die Taverne verlassen die Männer einmal,
aber dich verlassen sie nie,
Rabenfrau.

Warum bin ich von so weit hergekommen, aus dem
Landesinneren,
dich in Dyea zu suchen,
nur um zu finden, daß du mit dem Boot in ein anderes Dorf
gefahren bist?
Ich bin hier geblieben, und habe um dich geweint.

Tlinkites (Alaska)

Wie werden die Juli-Morgende sein,
das frage ich mich.
Mein Herz verliert die Besinnung, wenn ich daran denke,
daß ich meine Liebe nicht mehr sehen werde.

GEBET

Häuptling, Häuptling!
Erbarme dich unser!
Denn sonst wird es keinen geben,
  der die Pfeife vor dir raucht.

Yuma (USA)

Die Eule schrie und sprach vom Morgenstern.
Noch einmal schrie sie und sprach von der Morgenröte.

LIED

Die Grille, die Grille spielt die Flöte,
die Grille, die Grille spielt die Flöte.
Dort oben auf dem Fichtenzweig
hockt sie
   und spielt die Flöte
   und spielt die Flöte.

Ihr alle, kommt alle her, steigt alle herauf, tretet alle ein,
   setzt euch alle her,
wir alle waren arm, arm, arm, arm, arm.

Lateinamerika

DIE WALMUTTER

Die Walmutter ist zufrieden.
Nichts bewegt sich an der Oberfläche.
Es sind keine Haie in der Nähe,
weit und breit ist meilenweit
nichts zu sehen, was sich bewegt.
Da taucht sie auf den Grund,
und vier kleine Walfische kommen zur Welt.

GEBET

Ich muß wieder beten wie früher,
wie früher muß ich die Stimme erheben.
Zum Blauen König werde ich beten.
Zur Blauen Königin werde ich beten.
Wie der Gesang des Vogels *rupkadiuka* sei mein Gesang.
Ich lebe, und ohne Furcht ist mein Herz.
Keine Leere ist geblieben.
Mein Herz wird singen.

Wer ist es, der
wie der Tiger
im Wind reitet,
mit seinem Gespensterkörper?
Wenn ihn die Eichen sehen,
wenn ihn die Menschen sehen,
dann sagen sie mit gedämpfter Stimme
untereinander:
„Sieh nur, Bruder, das ist
der Geist des Caupolicán.“

GESÄNGE DES DICHTERS KINCHAUALA

Schon steigt der rote Mond empor; bald wird er sich zur Seite neigen, Brüder.
Der Abendstern wird sich ausruhen geh'n; Brüder, schon verschwindet der Abendstern.

Ich bin auf dem Erdenschiff gefahren.
Ich sagte mir: „Der Vater, Gebieter über die Menschen,
wird wissen, was er aus mir macht, und was aus meinem armen Herzen."
Aber jetzt weiß ich nicht mehr, was ich denken soll:
Ich hatte einen Alptraum – meine Geliebte hatte mich verlassen.
Wie einen armen Hund. So verließ mich
auf unserer Erde meine schlechte Schwester.

GESÄNGE DES KAZIKEN KURUINKA

Hoch ist der Mond emporgestiegen,
schon hat er sich gewendet;
bald wird der *uun alue* singen;
es vergehen die Stunden, und meine Geliebte kehrt nicht zurück.
Aber ich will nicht weinen.
Mein Herz ist zu Stein geworden.
Ich bin verzweifelt.

Die ganze Erde ist eine einzige Seele
und wir sind Teil von ihr.
Unsere Seelen können nicht sterben.
Wohl können sie sich wandeln;
doch nicht verlöschen.
Wir sind eine einzige Seele
so wie es nur eine einzige Erde gibt.

Araukaner (Chile)

Es war hübsch, als Plata meine Geliebte war.
Groß ist deshalb mein Schmerz.
Mein Herz muß viel leiden.
Warum ging die Sonne auf,
dort, wo sie sonst untergeht?
Und warum ging sie unter,
dort, wo sie sonst emporsteigt?
So hat sich auch dein Herz gewandelt, Schwester.

Sie liegen nicht weit voneinander entfernt, Leben und Tod.
Der Weg, die Brücke, die zwischen der Unterwelt
und dem Blauen Himmel liegen,
sind kürzer als der Weg von hier nach dort unten.
So ist das zwischen Leben und Tod.

Es macht mich traurig, weiszusagen:
zweimal wird die Sonne sich verdunkeln.
Dann sollen wir mißhandelt werden.
Schutzlos sind wir.
Wie die Bäume, so sind wir im Boden verwurzelt,
und wie Vögel trägt uns der Wind davon.
Eine Beute der Erde und der Lüfte sind wir.
Ach, wie sehr wird unser Herz uns schmerzen?

GESÄNGE DES DICHTERS KOLUPÁN

Ich bin gekommen, Freunde,
und habe gesagt: „Wird es ein Fest geben, meine Brüder?
Nun, mir hat es der Vogel *kelenkelen* nicht angekündigt,
er ist nicht gekommen, mir Bescheid zu sagen."
Mich hat man immer als einen der ersten eingeladen.
Heute haben meine Brüder nicht an Kolupán gedacht.
Ich lebe allein. Ich bin allein geblieben.
Schon lange sind meine Ältesten fort,
und ich bin arm, bin arm in den Augen meiner Brüder.
Ich werde weinen, solange mein Herz noch lebt.
Es scheint, als dächten anständige Leute nicht mehr an mich.
So ist es also, ich habe keine Freunde mehr.

Schwester, hübsche Schwester,
sage nicht, ich habe dein Herz verwundet.
Ein Fremder hat es sicherlich verwundet.
Er wird mit dem Insekt *uun alue* gekommen sein,
mit dem Nordwind wird der Fremde gekommen sein.
Die Striemen lassen den Weg der Klauen erkennen:
sie laufen nebeneinander her
und werden immer enger, wie sie die Beute greifen.
Ein Fremder muß es gewesen sein, hübsche Schwester.

Araukaner (Chile)

Als Kinder hatten wir Höhlen für unsere Spiele,
im Wald spielten wir *peuko.*
Wir rauchten die Pfeife mit zwei Rohren,
wie es die Großen mit ihren Freunden tun.
Die Tage sind vergangen, sie kehren nicht zurück,
nie wieder werden wir im Walde spielen.
Unter den Menschen eines anderen Landes bin ich jetzt.

Man gibt mir *llalli* aus Mais, als ich ein Kind war; meine Geliebte.
Seither habe ich es nie mehr gegessen, bin verbannt in dieses Land.
Und es fehlt mir, meine Schwester. Ich werde hier sterben.
Ich habe nie wieder *llalli* aus Mais gegessen, meine Geliebte.
Die Tränen sind mir über Gesicht und Brust gelaufen,
und die Erde hat sie geschluckt.
Ich bin noch unter den Lebenden, und tue niemandem ein Leid an.
Doch ich werde immer ein Fremder sein, meine Geliebte.

Ich rede mit mir selbst in meiner Einsamkeit, ich antworte mir
allein bin ich aufrecht geblieben, ohne Unterstützung. [selbst;
Ich habe einen Traum gehabt, von der Welt dort oben.
Ich war im Zenit, mitten im Himmel war ich,
und jetzt bin ich krank, mein Herz ist krank.
Ich war nah beim Vater des Himmels,
ich war ganz nah bei der Mutter des Himmels,
ganz nah waren unsere Eltern,
ich war in einem anderen Land.
Rein war mein Herz: wieder mußte ich in dieses Land zurück.

Ich bin traurig.
Die Tage gehen vorbei, es schwinden die Nächte,
doch mein Herz bleibt traurig.
In das Land, in mein Land möchte ich reisen.
In mein fernes Land.
Denn du hast mich verlassen, blaue Taube, fremde Seele.

GESÄNGE DER DICHTERIN MELILLÁN DE PANGUIPULLI

Mit Lianen schienen unsere Herzen zusammengebunden,
doch der Knoten riß, jetzt trage ich allein das Büschel.
Ach, ich weine immer, kleiner Bruder,
viel Trauer habe ich in meinem Herzen.

Ein Pfand erbat die Zauberin von mir.
Ich gab ihr die Spuren des Pferdes, das meinen Geliebten fortführte.
Das ihn weit fortführte, nach Argentinien, dem Land des Sandes.
Mit den Spuren wird er in mein Herz zurückkehren.
Mit dem Spruch der Zauberin.

Ich habe die Decke fertig mit dem eingestickten Muster,
aber ihr Besitzer ist weit, und vielleicht friert er.
Du trugst sie mir auf, schlechtes Brüderchen, der du mein Herz weinen läßt.
Fünf Jahre weine ich nun schon.
Wirst du nicht kommen, meine Tränen zu trocknen, du, Freund großer Reisen?

Meine Freundinnen lachen über mich, die Verlassene.
Sie fragen mich, warum ich nicht tanze. Warum ich mir keinen anderen suche.
Du fehlst mir sehr, mein Bruder.
Wenn du kommst, wirst du unseren Sohn nicht mehr erkennen.
Er ist schon sieben Jahre alt.
Du hast mein Herz traurig gemacht, grausamer Vagabund.

GESANG DES KAZIKEN BLAUE SCHLANGE

Du stammst aus dem Land von Malleo, mein Mädchen,
hübsches Schwesterchen.
Das ist das Land der hübschen Mädchen,
von dort steigt die Wut mit dem Feuer auf.
Die Wut des Feuers, die uns
gegen die roten Feinde, gegen die weißen Feinde drängte;
daher rührt unser Mut.
Deshalb haben wir die Bärtigen vertrieben.
Und dieses Land ist für dich, hübsches Mädchen.

ABSCHIEDSLIED FÜR DIE ANTHROPOLOGEN

(für die deutsche Forscherin Kössler-Ilg komponiert)

Ihr geht fort und ich bleibe.
Ihr nehmt meine Stimme und meine Verse mit euch.
Wohin ihr geht, gehen meine Verse und meine Stimme.
Ich bleibe hier,
und meine Stimme und meine Verse, wer weiß, wohin sie gehen.

DIE ANKUNFT DER WEISSEN

Weiße Reiher kommen
von weit her bringen Gedanken mit.
Über den Großen Fluß
kommen weiße Menschen.
Von Sommer zu Sommer
wandern sie mit schwarzen Reihern.
An den Ufern des Parú
wandern sie gemeinsam.
Kommt, kommt, kommt schon.

ZAUBERGESANG, UM DIE VERRÜCKTHEIT ZU HEILEN

(Ausschnitt)

Der Wunderheiler sitzt auf einer Seite des Silberbodens, auf einem Sitz aus Gold,
auf einem kleinen Sitz, und sieht über den Platz.
Der Nordwind bläst stärker und stärker; der Wunderheiler sieht über den Platz.
Der Nordwind und der Südwind kämpfen miteinander; der Wunderheiler sieht über den Platz; er ist der Wunderheiler.
Die Wellen des Meeres tragen Schaumkronen; der Wunderheiler sieht über den Platz; er ist der Wunderheiler.
Die Wellen des Meeres erheben sich mit Schaum; der Wunderheiler sieht über den Platz; er ist der Wunderheiler.
Die Wellen des Meeres erreichen ihn fast; der Wunderheiler sieht über den Platz; er ist der Wunderheiler.
Die Wellen des Meeres haben sich fast beruhigt; der Wunderheiler sieht über den Platz; er ist der Wunderheiler.
Die Wellen des Meeres haben sich fast geglättet; der Wunderheiler sieht über den Platz; er ist der Wunderheiler.
Der Speichel der Wellen spritzt auf; der Wunderheiler sieht über den Platz.
Der Speichel der Wellen zieht Fäden; der Wunderheiler sieht über den Platz.
Die Wellen des Meeres glänzen in blendendem Weiß, so weiß wie die Reiher, die Wellen des Meeres blenden; der Wunderheiler sieht über den Platz.

Die Kokospalmen am Meer biegen sich im Wind; der Wunderheiler sieht über den Platz.
Die Nüsse der Kokospalmen glänzen im Wind; der Wunderheiler sieht über den Platz.
Die Nüsse der Kokospalmen strahlen im Wind; der Wunderheiler sieht über den Platz.
Die Spitzen der Kokospalmen pfeifen im Wind; der Wunderheiler sieht über den Platz.
Die trockenen Wedel der Kokospalmen rauschen im Wind; der Wunderheiler sieht über den Platz.
Die Sonne verdunkelt ihm die Erde, der Wunderheiler geht, sich in die Hängematte zu legen, die Seile der Hängematte ächzen . . .

ABENTEUER DREIER JUNGEN

(Ausschnitt)

Die Jungen sagen zu ihrer Mutter:
„Morgen werden wir fischen gehen."
Die Jungen sagen zu ihren kleinen Brüdern:
„Morgen werden wir fischen gehen."
Die Jungen sagen zu ihrer Mutter: „Bereite uns das Essen vor."
Die Jungen gehen und schauen nach dem Wetter.
Der Südwind bläst und läßt die Bäume rauschen,
der Südwind läßt die Kokospalmen rauschen, die Kokospalmen beugen sich.

Die Jungen steigen in den ersten Stock, um zu schlafen.
Die Jungen bringen die Hängematten an,
sie legen sich in die Hängematten, sie liegen und hören den Wind:
Der Südwind rauscht in ihren Ohren.
Die Jungen schlafen und merken nichts von der Welt.
Die Jungen schlafen wieder ein, die Jungen merken wieder nicht, was um sie vorgeht
Die Jungen erwachen von neuem, es kräht der Hahn.
Die Mutter verläßt ihre Hängematte und geht zur Feuerstelle,
die Mutter beginnt, das Essen zu machen,
die Mutter kniet nieder, um das Feuer zu entfachen.
Die Jungen rufen ihre kleinen Brüder,
die Jungen machen die Angeln fertig,
die Jungen gehen, die Segel zum Boot zu bringen.
Die Mutter geht, das Essen zum Boot zu bringen.
Die Jungen schieben das Boot vom Strand,
die Jungen springen ins Boot,
die kleinen Brüder springen auch hinein.
Die Jungen sagen zu den kleinen Brüdern: „Setzt die Segel."
Der Südwind bläst,
jetzt füllen sich die Segel mit dem Wind,
das Boot gleitet ganz leicht dahin, als wolle der Wind es drehen.
Das Boot macht jetzt vor einer Insel halt, die dort im Meer liegt.
„Hier wollen wir Muscheln sammeln."
Die Jungen springen auf den Strand,
die Jungen füllen einen Korb mit Muscheln: „Das sind schon genug."

Die Jungen sagen zu den kleinen Brüdern: „Setzt die Segel."
Die Jungen spüren, daß der Wind nun stärker geht,
das Segel schaukelt im Wind,
das Boot wird vom Wind geschüttelt.
Die Jungen sagen zu den kleinen Brüdern:
„Laßt uns umkehren, der Wind nimmt sonst das Boot noch mit."
Die Sonne verliert schon ihren Glanz,
ein Meerestier, der Hai, steigt auf
und geht aufs Boot zu,
ach, die Mutter, sie werden sie nicht wiedersehen.
Die Jungen weinen, die Armen.
Ein Meerestier, der Hai, hebt seinen Körper aus dem Wasser.
Die kleinen Brüder verloren das Bewußtsein und starben.
Die Meerestiere, die Hunde des Meeres, steigen auf
und gehen aufs Boot zu,
sie tanzen feierlich den Tanz des *chica*-Saftes,
die Jungen verloren das Bewußtsein und starben.
Die Meerestiere, die Tintenfische, steigen auf
und gehen auf das Boot zu,
sie tanzen feierlich, die Jungen verloren das Bewußtsein und starben.

GESANG DER SCHILDKRÖTE

Lebe wohl, meine Familie! Lebt wohl, meine Freunde!
In der Ferne sehe ich das Boot der Cuna-Fischer.
Sie kommen, mich zu holen und zu essen.
Wie traurig, aber Gott hat es so gewollt!

Er hat mich geschaffen, den Cuna als Speise zu dienen.
Wie traurig!
Aber die Kinder werden fröhlich singen und um mich herumtanzen
weil sie ein leckeres Essen haben werden,
Wie schön! Aber auch wie traurig!

GESANG

(Beim Fest pubertierender Mädchen)

Die Frauen, die den Mädchen die Haare schneiden, treten ins Haus ein.
Die Frauen setzen sich hinter die Mädchen.
Die Frauen nehmen die Scheren und setzen sich.
Die Frauen nehmen die Scheren und den Kamm.
Die Frauen stellen sich vor die Mädchen.
Die Frauen stehen aufrecht, mit den Kalebassen voll Wasser.
Die Frauen nehmen die kleinen Kalebassen.
Die Frauen füllen die kleinen Kalebassen mit *chicha*-Saft.
Die Frauen werfen sich die kleinen Kalebassen zu und fangen sie auf.
Die Frauen trinken *chicha.*
Die Frauen setzen sich wieder.
Die Frauen nehmen den Mädchen die Tücher ab.
Die Frauen nehmen die Scheren.
Die Frauen kämmen die Mädchen.
Die Frauen schneiden den Mädchen die Haare ab.

Cuna (Panama)

Die Frauen schneiden den Mädchen jetzt die Haare ab.
Die Frauen schneiden den Mädchen jetzt die Haare ab.
Die Frauen lassen das Haar der Mädchen zu Boden fallen.
Zu Boden fällt das Haar der Mädchen.
Die Frauen setzen den Mädchen die Scheren an den Kopf.
Die Frauen haben den Mädchen die Haare geschnitten.
Die Frauen ziehen den Mädchen wieder die Kleider an
und bedecken sie gut mit Tüchern.

SOLIDARITÄTSGESANG

Verteilt werden sollen die Fische des Meeres,
verteilt werden soll der Lachs,
verteilt werden soll der Sägefisch,
verteilt werden soll der kleine Sägefisch,
verteilt werden soll der Haifisch,
verteilt werden soll der Barsch.
Der Weg der Fische, es scheint, als habe Gott ihn
  aus Gold gemacht.
Der Flötenspieler ruft das Mädchen
und schärft ihm ein, sich gut an seinem Hemdzipfel festzuhalten.
Verteilt werden soll der Zackenbarsch,
verteilt werden sollen die Muscheln, die an den Felsen kleben,
verteilt werden soll die Languste,
verteilt werden sollen die Krebse,
verteilt werden soll das Meeresgetier, das auf dem Felsen lebt,
  mit offenen Mündern, als ob es lachte,
verteilt werden soll das Fleisch der Flußmuscheln,
verteilt werden sollen die großen Muscheln,
verteilt werden sollen die Königskrabben,
verteilt werden soll der Flußbarsch,
verteilt werden soll der Leguan, der auf der Spitze
  des Guyacán-Baumes sitzt.

SCHÖPFUNG

Jetzt in diesem Augenblick
Will ich in wenigen Worten den Eindruck geben
Ich will euch etwas sagen
Gott der Allmächtige als er uns hier auf der Erde ließ
Es ist schon Tausende von Jahren her daß Gott uns schuf
Wie uns die Weisen sagten
Wie auch diesen Kontinent auf dem wir leben wir alle
Wir sind seit der Geburt unter der Herrschaft unseres Vaters
Alle die Herren die früher an Gott glaubten übertreiben nicht
Auch sie wissen daß sie an Gott glauben
Wie die Geschichte Gottes die unsere Vorfahren kannten
Es ist wahr was die Herren immer predigen
Als Gott der Allmächtige seit der Erschaffung des Menschen
Als er kam uns auf die Erde zu setzen
Von dieser Generation kommen wir
Wir kommen von der Zeit des Piler *(des ersten Menschen)*
Als der erste Mensch kam gab man ihm den Namen
  Olopilibeler
Seine Kinder wurden geboren
Seine Kinder kamen eins nach dem anderen
Und sie kamen auch herrschend jedes von ihnen
Da sie alle lebenden Personen führten Jahr für Jahr
Die schon Tausende von Jahren die Erde bewohnten
  wie die Weisen erzählen
Und nach und nach kam die Verderbnis auf die Erde
  die sie bewohnten
Dann also kam ein Prophet

Den Gott geschickt hatte
Weil auf der Erde die Menschen schon verdorben waren
  und darum schickte Gott einen Prediger
Darum schickte Gott den Prediger um alle Menschen zu beraten
Darum hat er einen Mann geschickt
Weil die Menschen auf der Erde unerträglich waren
Weil die Erde schon ganz voll Verderbnis war
Weil die Enkel und die Urenkel des Piler
In einer schrecklichen Verderbnis waren
Weil alles Lüge auf der Erde war
Weil auf der Erde die einen die anderen töteten
Die einen und anderen töteten sich
Einer tötete den anderen
Und weil die Erde so war
Kam ein Prophet den Gott geschickt hatte
Dieser Mann kam um die Menschen zu bessern
  aber er konnte nicht gegen sie an
Ein anderer Mann kam auf die Erde
Der Olotuailikiker hieß
Auch Mondmann genannt
  (weil er in einer Vollmondnacht geboren war)
So singen die Weisen
Nach diesem kam noch ein anderer Mann
Der Sonnenmann kam
Um mitzuhelfen uns zu bessern kam er
In der Zeit des Tat Ibe
So kam er und besserte jene verdorbene Generation
So kam Tat Ibe die Erde von ihren Schlechtigkeiten zu reinigen
Daß alle diese Verderber daß sie verschwänden

Wie Teufel machte er Schluß mit ihnen und grub sie
in die Erde ein
Durch Gott der ihm half
So war der erste Mensch wie uns die Weisen erzählen
So sind die paar Worte die ich euch berichte.

SCHÖPFUNG

Als Gott auf die Welt kam, gab es keine Pflanzen, keine Tiere, nur die Dunkelheiten, man sah nichts, weder die Flüsse noch die Tiere.

Dann dachte Gott, wie und auf welche Weise er eine gute Erde für unsere Kinder schaffen wollte.

Da es noch keine Pflanzen gab, keine Himmel, Sterne, Fische, dachte er den ganzen Tag an das Wohlergehen der kommenden Kinder, die auf der Erde sein würden.

Zuerst schuf er die Erde, die Sterne, Flüsse, Meere, alle Pflanzen und Tiere, denn so würden unsere Kinder glücklich sein auf der Erde, und sie würden keinen Mangel leiden an allem, was sie für ihre Nahrung brauchen.

Nachdem Gott die Erde geschaffen hatte, die Pflanzen, Sterne, Tage, Nächte und alles, ging er in den Himmel, um auch dort alles zu ordnen.

Als er im Himmel ankam, hatte er diese Gedanken: „Wie kann ich einen sehr guten Himmel machen, damit meine Kinder, wenn sie in den Himmel kommen, glücklich sind und nicht an die Erde denken?“

Und er schuf dort alle Pflanzen und Blumen, so als ob es

Menschen wären, als ob es schöne Mädchen wären, alle Pflanzen schuf er an diesem Tag, wie Menschen, wie Frauen.
Er schuf auch alle Arten von guten Wegen. Die Wege waren wie aus Gold, das von weitem glänzte, und sie sahen auch aus wie glänzendes Silber. Alle die Wege, damit unsere Kinder bei ihrer Ankunft über diese Wege gingen und nicht an die Erde dächten. Und auch alle anderen Dinge schuf er, um die Kinder glücklich zu machen. Sogar Tiere wollte er machen. „Damit meine Kinder bei ihrer Ankunft im Himmel eine ewige Glückseligkeit haben", so sagte sich Gott. Dies ist der Glaube, den wir von Gott haben. Und bis heute ist Gott im Himmel.
Als Gott die Erde schuf, die Sterne, alle Planeten, die man sieht am Himmel, die Meere, die Pflanzen, da bezeichnete er auch alle Arten von Bäumen, damit später unsere kommenden Kinder sich mit diesen Pflanzen heilen könnten, in jedem Augenblick, wenn eine Krankheit oder eine Infektion sie befiele. Mit diesen Pflanzen können sie sich heilen.
Gott sagte auch: „Immer, wenn eure Kinder sich versammeln oder ein Fest feiern, sollen sie an mich denken. Sie sollen sich an meinen Namen erinnern. Auch immer, wenn du zum Himmel schaust, sollst du denken: Dies machte der wirkliche Gott. Und wenn du denkst, denk an mich. Wenn du irgendwohin schaust, in die Berge, dann bin ich verborgen in diesen Bergen. Ich selbst, kein anderer als ich schuf diese Berge. Auch wenn sie die Meere und die Flüsse sehen, sollen meine Kinder einmal denken: Dies machte Gott, der wirkliche Gott."

Alle Natur, die Gott auf dieser Erde schuf, sollen wir so sehen, als ob Gott persönlich in ihnen verborgen wäre. So sollen wir an Gott denken, solange wir auf der Erde leben, wie er uns gesagt hat. Als Gott alle Pflanzen geschaffen hatte, fehlte noch etwas, das geschaffen werden mußte. Da machte er den Menschen. Denn Gott schuf ihn. Er konnte nicht nur die ganze Natur erschaffen, sondern auch den Menschen.
„Denn der Mensch", sagte Gott, „muß alles beschützen und bewachen an meiner Stelle, denn ich gehe jetzt in den Himmel. Ich kann die Pflanzen nicht allein ohne den Menschen lassen. Aus diesem Grunde schuf ich alle die Tiere, die als Nahrung dienen können." So dachte Gott.
Und dies alles wurde gesprochen, um es auf ein magnetisches Band zu schreiben, damit die Stimme von San Blas zu anderen Nationen gebracht wird, und damit alle wissen, daß wir die Religion haben, den Glauben an Gott: daß Gott uns schuf.

DER WEG GOTTES

Gut, es ist wahr, daß es gut ist
Daß unser Vater, der im Himmel ist
Daß Gott immer nur singt
Er predigt immer im Himmel
Er ist gut, Gott hat uns wie eine einzige Person
Hier auf der Erde gelassen
Es ist wahr, daß Gott uns in gewissen Abständen ein Dorf
gegeben hat
Daß Gott jedem von uns einen verschiedenen Ort gegeben hat

wo wir leben können und das Wasser der Flüsse haben
Es ist gut, es ist wahr
Daß der Himmel in dem Gott ist
Eine einzige Glückseligkeit, wie unsere Väter sagten
Es ist wahr, daß auf dieser Erde, auf der wir leben
Es ist wahr, daß hier die Erde nicht ist, um ewig zu leben
Es ist wahr, wir haben hier keinen, der uns hilft auf der Erde
Es ist wahr, daß Gott uns hiergelassen hat
Gott hat uns hiergelassen, damit der Mensch auf der Erde
arbeite
Es ist wahr, daß wenn wir in das Himmelreich kommen
Es ist wahr, daß wenn wir in die Glückseligkeit
des Himmelreichs kommen
Daß Gott uns in allem helfen wird
Daß der Himmel die Freude für uns alle ist
Es ist wahr, daß es so im Himmel ist
Daß wir alle in den Himmel kommen
Es ist wahr, daß wir nicht auf der Erde bleiben
Es ist wie ein Tag Schmerz oder Trauer, was Gott uns hier
auf der Erde gelassen hat
Wir wollen einen Tag ein gutes Essen haben
Es ist wahr, daß wir hier auf der Erde denken
An einem Tag kann es sein
Hier auf der Erde, es ist wahr, daß wir manchmal versuchen
besser zu leben, aber wir können nicht
Es ist wahr, daß Gott uns auf der Erde gelassen hat,
so steht es geschrieben

Es ist wahr, daß wir keinen anderen Weg gehen, als Gott sagte
Daß wir alle auf einem gleichen Weg Gottes gehen
Im Himmel ist es nicht mehr so, daß wir
Wenn wir dort sind, müssen wir nicht mehr denken
  wie wir uns Dinge beschaffen
Denn wir haben dort alles
Alle werden wir Freunde sein
Wir werden alle Arm in Arm dort in das Himmelreich gehen
Wir weden unsere Freunde dort finden
Wenn wir uns treffen in den Blumengärten des Himmelreichs
Es ist wahr, daß wir Freuden haben werden in diesem Himmel
Es ist wahr, daß der Himmel so ist, wie wir sagen
Es ist wahr, daß wir irgendwo in den Blumengärten sein werden
Es ist wahr, daß wir sogar köstliche Dinge essen werden
Mit einigen von uns werden wir mit den köstlichen Wassern
  anstoßen
Die wir dort oben im Himmel trinken, so steht es geschrieben
Es ist wahr . . . daß Gott der allmächtige Vater
  der im Himmel ist
Dort ist plötzlich alles, was einer braucht
Es ist wahr, daß wir lebten, als wir hier waren
Hier auf der Erde
Aber dort im Himmel, das ist ein Leben in Ewigkeit.

Ja, wir tanzen wie der braune Reiher,
ja, wir tanzen wie der Fischreiher,
ja, wir tanzen wie der Graureiher,
Menschen und Reiher tanzen und tanzen
Ja, wir umrunden den Teich
und werfen Wurzeln hinein.

EINES TAGES KAM EIN AUTO

Eines Tages kam ein Auto, ich habe es nicht gesehen,
da hat ein verachtenswerter Zivilisierter
mir meine Braut gestohlen,
in die Stadt, in die Stadt hat er sie mitgenommen,
sie war hübsch wie ein Reiher,
deshalb denke ich an sie,
deshalb weine ich um sie,
deshalb denke ich an sie,
deshalb weine ich um sie.

Guajiro (Kolumbien)

Komm zu mir, meine Schwester.
Komm zu mir, meine Frau.
Ich bin ein starker Mann.
Sieh nicht zu ihm hinüber,
zu diesem Knäblein.
Geh immer geradeaus.
Geh immer geradeaus.
Geh immer geradeaus.
Ich bin hier.
Ich bin der starke Mann.
Ich trage mein Gewehr
und meinen Revolver bei mir.
Ich bin stark.
Du bist sehr freundlich, meine Liebe.
Hoffentlich bekomme ich eine Idianerin!
Ich will sie bezahlen
denn ich bin reich.

Guarani (Paraguay)

SCHÖPFUNG

(Gott schafft die Sprache, die Liebe und die heiligen Gesänge)

Der wirkliche Vater Ñamandú, der Erste,
aus einem kleinen Teil seiner eigenen Göttlichkeit,
aus der Weisheit in seiner eigenen Göttlichkeit,
und kraft seiner schöpferischen Weisheit,
machte er, daß Flammen und dichter Nebel sich zeugten.
Aufgerichtet (in menschlicher Gestalt)
aus der Weisheit in seiner eigenen Göttlichkeit
und kraft seiner schöpferischen Weisheit
schuf unser Vater den Grund der menschlichen Sprache
und machte, daß sie Teil seiner eigenen Göttlichkeit wurde.
Bevor die Erde entstanden war,
inmitten der ursprünglichen Dunkelheit
bevor es ein Wissen um die Dinge gab,
schuf er das, was der Grund der menschlichen Sprache war
und der wirkliche Erste Vater Ñamandú machte,
daß sie Teil seiner eigenen Göttlichkeit wurde.

Als er den Ursprung der menschlichen Sprache ersonnen hatte,
schuf er aus der Weisheit in seiner eigenen Göttlichkeit
und kraft seiner schöpferischen Weisheit
den Grund der Liebe (zum Nächsten).
Bevor die Erde entstanden war,
inmitten der ursprünglichen Dunkelheit,
bevor es ein Wissen um die Dinge gab,
schuf er den Grund der Liebe.

Als er den Grund der menschlichen Sprache geschaffen hatte,
als er einen kleinen Teil Liebe geschaffen hatte,
schuf er, aus der Weisheit in seiner eigenen Göttlichkeit
und kraft seiner schöpferischen Weisheit
in seiner Einsamkeit den Grund eines einzigen heiligen Liedes.
Bevor die Erde entstanden war,
inmitten der ursprünglichen Dunkelheit,
bevor es einWissen um die Dinge gab,
schuf er in seiner Einsamkeit den Grund eines heiligen Liedes.

MORGENGEBET ZUM SCHÖPFER

Oh wirklicher Vater Ñamandú, der Erste!
In deinem Land erhebt sich der
  Ñamandú-mit-dem-großen-Herzen *(die Sonne)*
mit dem Widerschein seiner göttlichen Weisheit.
Und weil du verfügt hast, daß die, denen du Bogen gabst
sich aufrichten sollen,
deshalb richten wir uns wieder auf.
Und deshalb sprechen wir, wenn wir uns erheben,
eine Handvoll Waisenkinder des Paradieses,
unzerstörbare Worte aus, die nie, niemals an Kraft verlieren.
Deshalb sei es uns erlaubt
uns wieder und wieder zu erheben,
oh wirklicher Vater Ñamandú, der Erste.

Halt ein, Schlange, halt still,
damit meine Schwester deine schönen Farben malen kann,
als Vorbild für einen herrlichen Gürtel
den ich meiner Geliebten geben will.
So wird deine Schönheit immer
derjenigen aller anderen Schlangen vorgezogen sein.

ESOTERISCHE POESIE

(Anweisungen Gottes für die Väter der Wort-Seele über die Geister, die zu ihrer Inkarnation auf die Erde gesandt werden sollen)

„Wenn sich niederlassen will *(zur Welt kommen)*
ein Wesen, das erfreuen wird das Herz jener,
die das Zeichen der Männlichkeit,
das Sinnbild der Weiblichkeit tragen,
sende auf unsere Erde
eine Wort-Seele, auf daß sie sich verkörpere",
so sprach unser Erster Vater
zu den wahren Vätern der Wort-Seelen ihrer Kinder.
„Darum
die auf unsere Erde du sendetest
gute Worte-Seele, auf daß sie sich verkörpere,
auf diese Weise berate sie
klug
mehrere Male:
Falls vielleicht du es bist, der geht, kleiner Sohn des Namandú,
betrachte standhaft die irdische Wohnung.
Selbst wenn alle Dinge in ihrer unendlichen Vielfalt
sich schrecklich erhöben gegen dich,
sollst du sie tapfer bezwingen.
Gut, gehe zur Erde, mein Sohn,
gedenke meiner in deinem Herzen.
So werde ich mein dich weisendes Wort umhergehenlassen,

weil du meiner gedacht hast.
So werde ich die dich weisenden Worte sprechen lassen
von den unzählbaren erhabenen Söhnen,
die ich beherberge.
In der Größe des Herzens,
in der Wissenschaft Unheil zu beschwören
gibt es im ganzen Umkreis der Erde
keinen der überträfe
die unzähligen Söhne,
die ich beherberge.
Darum wirst du,
wenn du weilst auf der Erde,
an meine herrliche Wohnstatt denken.
Gebe ich deinem Herzen göttliche Worte ein,
wird es keinen geben,
der dir gleich käme
in der irdischen Wohnung der Unvollkommenheit."

DIE SKELETTE DER TOTEN

„Hat sich erhoben zum Himmel der Keim der Wort-Seele,
sind zurückgekehrt in das Haus dessen, der sie sandte,
die Knochen des Trägers des Zeichen-Stabes
(des menschlichen Körpers)
scheinbar schon verachtet,
scheinbar schon verlassen,
wirst du sie erleuchten mit dem Licht deiner Blitze ohne Donner
– kraft deiner Göttlichkeit wirst du es tun –,

bis das Weltall versinkt.
Ich werde das Wort von neuem kreisen lassen
in den Knochen dessen, der den Zeichen-Stab trug,
ich werde bewirken, daß das wirkliche Sagen (das Wort)
die Knochen von neuem durchströmt,
von neuem werde ich sie in unsere herrliche Wohnung rufen."
So sprach unser Erster Vater Letzt-letzter *(der Absolute).*

Die Libelle badet im Wasser.
Die Libelle badet im Wasser.
Rog-ge-ne bu-ne
Rog-ge-ne bu-ne
Kommt, wir wollen tanzen.

Dort unten, unten, breit, breit,
der Fluß, der Fluß.
Am Ufer der Baum, der Baum.
Seine Zweige, seine Zweige,
wiegt, wiegt der Wind.

SCHÖPFUNGSGESANG

Ein Geist, nichts gab es sonst.
Der Vater berührte eine Erscheinung, ergriff ein Geheimnis.
Nichts gab es. Mit einem Traum hielt der Vater Nainuema *(der etwas hat oder ist, das es nicht gibt)*
die Erscheinung fest und dachte nach.
Keinen Baum gab es, um sie festzubinden:
mit einem geträumten Faden bannt er die Erscheinung durch seinen
Atem.
Er suchte den Grund der reinen Erscheinung,
doch da gab es nichts.

„Ich binde etwas Leeres fest!“ Nichts gab es dort.
Dann suchte der Vater weiter,
tastete am Grund der Dinge und suchte den leeren, trügerischen Ort.
Der Vater band das Leere mit dem geträumten Faden fest.
Er klebte es mit dem Zauberleim *arebeike* fest.
Er band es mit einem neuen Zaubertraum, *iseike (Rauch des Tabaks oder Baumwollflocke).*
Er fand den trügerischen Grund und stampfte mehrmals auf ihn.
Und setzte sich auf diese ebene, geträumte Erde, die er glättete, indem er sie betrat.
Jetzt war das Trugbild Erde in seinem Besitz,
und nun spie er seinen Speichel *(die Wasser).*
Er setzte sich auf diese vorgestellte Erde
und brachte den Himmel über ihr an: den blauen und den weißen Himmel.
Später schuf *Rafuema („der, der die Legende ist oder hat“)*
in der Unterwelt, nach langem Nachdenken, diese Legende,
daß wir sie hinauf auf die Erde nähmen.

Dann wurden auf der Erde die großen Bäume des Waldes geboren
und die Canaguche-Palme trug Früchte, daß wir zu trinken hätten.
Im Wasser des Vaters wuchsen alle Bäume und Lianen.
Er allein schuf die Grille
und den Choruco-Affen, daß er die Bäume fräße,
den Mais-Affen, der die Früchte öffnet,
das Tapir, das die Früchte des Bodens frißt,

die großen Wildschweine, das Guara, das Borugo, die den Wald fressen,
und alle Tiere und das Tintín
schuf er allein.
Er schuf das Gürteltier, das mit starker Schulter geboren wird,
er schuf das Riesengürteltier
und alle Tiere, wie den Otter, der die Fische frißt,
den kleinen Otter.
Er machte alle Tiere wie den Hirsch und den Chonta-Hirsch
und den großen Ameisenbären
und er schickte den kleinen Ameisenbären.
In der Luft schuf er den Königsadler, der die Chorucos frißt,
er schuf den Sidyi, den Picón, den Kuyodo-Papagei,
den roten Arara und alle Vögel, das Rebhuhn,
Eifoke- und Ferebeke-Pfauen, den Bakita, den Chilanga, den Geier
und den Adler.
Er schuf alle Vögel:
den Pico, die Sidyi-Vögel, den Hokomaike, den Kranich,
die Schwalbe, den Patilico, den Sarok-Papagei,
den Termitenfresser, den Burro, den grünen Arara,
den Kuikudyo, Ukugi- und Fuikango-Tauben, den Siva und den Tudyagi.
Er schuf den Zeckenfresser genauso wie die Mariana, die es gelernt
hat, Fisch zu fressen,
die Stinkente, den Kuhvogel, die Ente,
die Fledermaus, den Kolibri, den Dyuvuise,
den Siada, den Hirina und die Himegisinyos.

Er schuf die große und die kleine Kröte, die heute im Wasser leben.

Die Wespe schnitt uns die Schwänze ab.
Früher hatten alle welche.
Auch wir hatten Schwänze.
Die Wespe schnitt zuerst der Kröte den Schwanz ab
und dann den Menschen
und als sie des Schwänze-Abschneidens müde war
wurden die übrigen Menschen zu Choruco-Affen
die früher auch Menschen waren.

Wir werden aus dem Schädel des Verräters trinken,
seine Zähne tragen als Halskette,
aus seinen Knochen machen wir Flöten,
und aus seiner Haut eine Trommel;
dann tanzen wir.

Ist denn meine Mutter das Lama der Pampa,
oder mein Vater der Hirsch des Waldes,
daß ich so umherirre,
daß ich ohne Rast wandern muß,
durch Wald und Pampa,
bekleidet mit dem Wind allein,
durch Täler, über Berge,
in Wind und Kälte gehüllt?
Oder bin ich im Nest des Pukupuku geboren,
daß ich am Tage weine,
daß ich in der Nacht weine,
wie die Pukupuku-Taube,
bekleidet mit dem Wind allein?

Über dem glatten See
sah ich eine Möwe.
„Erinnerung“, sagte ich ihr,
„süßen Gedenkens“.

Mir gab das Sein meine Mutter
  Ach!
zwischen Regenwolken
  Ach!
das so dem Regen gleicht, daß es mich weinen macht
  Ach!

Die Wassertropfen
die morgens auf den Blumen liegen
sind die Tränen des Mondes
der nachts weint.

LIED

Wächst der Pfefferstrauch auf deinem Feld?
Mit dem Vorwand, daß er dort wächst, komm ich zu dir.
Wachsen Blumen auf deinem Feld?
Mit dem Vorwand, daß sie dort wachsen, komm ich zu dir.

KLARER FLUSS

Klarer Fluß
aus den Lambra-Wäldern,
Tränen
der Goldfische,
Schluchzen
der großen Täler.

Tiefer Fluß
der Tara-Wälder
der sich in der Biegung
der Schlucht verliert,
der am Abgrund brüllt,
wo die Papageien ihr Nest haben.

Weit, weit,
geliebter Fluß,
nimm mich mit dir fort
mit meiner herrlichen Geliebten,
zwischen den Felsen,
durch die Regenwolken.

HYMNE DES MANCO CAPAC*

Viracocha,
mächtige Wurzel der Welt,
du verfügst:
„Sei dieser ein Knabe,
sei dieses ein Mädchen."
Herr der heiligen Quelle,
du regierst
selbst den Hagel.
Wo bist du
– als sei ich nicht
eins deiner Kinder –,
oben,
unten,
in der Mitte
oder auf deinem Thron des obersten Richters?
Höre mich,
der du wohnst
in den Ozeanen des Himmels
und der du auch lebst
in den Meeren der Erde,
Regierung der Welt,
Schöpfer des Menschen.

* Anm. d. Übers.: Kaiser der Inka

Die Herren und Fürsten
mit ihren plumpen Augen
wollen dich sehen.
Doch kann ich schauen
und erkennen und begreifen,
so wirst du mich sehen
und von mir wissen.
Der Mond und die Sonne,
der Tag und die Nacht,
die Zeit der Fülle
und die Zeit der Kälte sind gelenkt von dir,
zu ihrer Zeit
weise bemessen
werden sie kommen.
Der du mir sandtest
das Königszepter,
höre mich,
ehe ich falle,
bezwungen und tot.

GEBET

O Schöpfer der Menschen,
dein Diener spricht zu dir.
Habe die Güte ihn anzuschauen,
gedenke seiner,
des Königs von Cuzco,
auch dich verehre ich, Tarapaca.

Ketschua (Peru)

O Tonapa, sieh mich an,
vergiß mich nicht.
O, ehrwürdiger Schöpfer,
o, Ziel meiner Träume.
Wirst du mich vergessen
in der Stunde des Todes?
Wirst du mein Gebet verschmähen,
oder wirst du mir zeigen,
wer du bist?
Wohl kannst du sein, was ich von dir denke,
oder bist du vielleicht ein Gespenst,
ein furchteinflößendes Wesen?
Hätte ich die Gabe, dich zu erkennen!
O würdest du dich mir enthüllen!
Der du mich von der Erde nahmst,
der du mich formtest aus Lehm,
o sieh mich an!
Wer bist du, o Schöpfer?
Siehe, ich bin schon sehr alt.
O so komm doch,
groß wie die Himmel,
Herr der Erde,
Schöpfer aller Dinge,
Schöpfer der Menschen.
Zehnmal bete ich dich an,
ich suche dich jetzt,
die Augen immer
gerichtet zur Erde
und verdeckt von den Wimpern.

Habe die Güte, mich anzuschauen!
Ich suche dich
wie die Flüsse,
wie die Quellen,
wenn ich lechze vor Durst.
Ermutige mich,
hilf mir.
Mit der ganzen Kraft meiner Stimme
rufe ich dich.
Wenn wir an dich denken,
so freuen
und ergötzen wir uns.
Dies sind unsere Worte
und sonst nichts mehr.

HYMNE

O Viracocha, Herr des Weltalls,
er ist sowohl Frau als auch Mann,
er ist der Herr der Wärme und der Zeugung.
Höre mich in dem Meer oder an dem Ort, wo du bist,
Schöpfer der Welt, Schöpfer der Menschen,
Herr aller Herren.
Zu dir gehen meine Blicke, und meine Augen werden nicht müde,
dich zu schauen
in dem einzigen Wunsch, dich zu erkennen.
Wenn ich dich schaue, wenn ich dich verehre,

so siehst du mich und hörst mich.
Die Sonne, der Tag, die Nacht, der Winter und der Sommer:
alle wandern zum gleichen Ziel
und kommen an das Ende ihres Laufs.
Der du dein Zepter in alle Lande trägst,
erhöre mich, höre und sieh mich, o Herr!
Halte fern von mir Krankheit und frühen Tod ...
Komm, du, groß wie der Himmel, groß wie die Erde,
Anfang und Schöpfer aller Dinge.
Zehnmal bete ich dich an,
und meine Augen sind müde vom Suchen nach dir.
Sieh mich an wie die Bäche, die Wolken, die Vögel,
ich durste nach dir, gib mir Hilfe und Kraft.
Siehst du mich an, bin ich glücklich und werde dich preisen
so wie heute, da ich dir singe.

REGIERUNG DER WELT

Erbarme dich meiner Tränen,
erbarme dich meiner Qual.
Der geschlagenste
deiner Söhne,
der unglücklichste
deiner Diener
fleht mit seinen Tränen zu dir.
So schicke nun das Wunder
deiner Wasser,
so schicke nun die Gnade

deiner Regen
diesem unglücklichen Geschöpf,
diesem Vasallen,
den du schufst.

GEBET ZUM SCHÖPFER

Grund allen Seins, Viracocha,
allgegenwärtiger Gott,
allwissender Richter,
regierender und waltender Gott,
der erschafft, wenn er nur spricht:
„Sei dieser Mann, sei dieses Weib",
laß leben frei und in Frieden
das Wesen, das du machtest
und wachsen ließest.
Wo bist du? Draußen
oder drinnen, in der Wolke
oder im Schatten?
Höre mich, antworte mir.
Laß mich viele Tage leben,
bis zu dem Alter, da mein Haar
ergraut.
Dann nimm mich auf,
nimm mich in deine Arme,
und wenn ich ermüde, so hilf mir,
ganz gleich, wo du bist, Vater Viracocha.

SCHÖPFUNG

Zuerst war das Meer. Alles war dunkel.
Es gab keine Sonne, keinen Mond, keine Menschen, keine Tiere, keine Pflanzen.
Nur das Meer war überall.
Das Meer war die Mutter.
Sie war Wasser und Wasser an allen Orten,
und sie war Fluß, Lagune, See und Meer,
und so war sie an allen Enden.
So war zuerst nur die Mutter.
Sie hieß Gaulchovang.
Die Mutter war weder Mensch noch Ding noch irgend etwas.
Sie war *aluna (Gedanke oder Idee).*
Sie war der Geist dessen, das noch kommen sollte,
und sie war Gedanke und Gedächtnis.
So war die Mutter nur in aluna auf der Welt,
  tief unten
in der Tiefe
allein.

DIE SCHÖPFUNG

Als also die Mutter da war,
bildeten sich oben die Erden, die Welten, bis dort, wo heute
unsere Welt liegt.
Es waren neun Welten, und sie bildeten sich so:
zuerst war die Mutter und das Wasser und die Nacht.
Es war noch nicht Tag geworden.
Die Mutter nannte sich damals Se-ne-nuláng.
Es gab auch einen Vater, der sich Kata Ke-ne-ne-Nuláng nannte.
Sie hatten einen Sohn, den sie Bunkua-sé nannten.
Aber sie waren weder Menschen noch Dinge noch irgend etwas.
Sie waren *aluna.* Sie waren Geist und Gedanke.
Dies war die erste Welt, der erste Ort und der erste Moment.

Dann bildete sich in der Höhe eine weitere Welt, die zweite
Welt.
Da gab es einen Vater, der ein Tiger war.
Aber er war nicht das Tier Tiger, sondern ein Tiger in *aluna.*

Dann bildete sich in der Höhe eine weitere Welt, die dritte Welt.
Da begannen die Menschen schon zu sein. Aber sie hatten weder
Knochen noch Kraft.
Sie waren wie Würmer oder Kriechtiere.
Sie wurden von der Mutter geboren.

Dann bildete sich die vierte Welt.
Ihre Mutter hieß Sáyaganeye-yumáng
und es gab eine zweite Mutter, die hieß Disi-se-yuntaná

und einen Vater mit Namen Sai-taná.
Dieser Vater war der Erste, der wußte, wie die Menschen unserer
Welt sein würden
und er war der Erste, der wußte, daß sie einen Körper, Beine,
Arme und Köpfe haben würden.

Dann bildete sich noch eine Welt, und in dieser Welt war die
Mutter Enkuane-ne-nuláng.
Da gab es noch keine Häuser, aber nun bildete sich das erste Haus,
weder mit Stämmen noch mit Lianen noch mit Palmstroh, sondern in
aluna, im Geiste allein.
Da gab es schon Kashindúkua, Noana-se und Nánacu.
Es gab da also schon Menschen, aber sie hatten noch keine Ohren,
keine Augen und Nasen.
Sie hatten nur Füße.
Da befahl ihnen die Mutter, daß sie sprächen.
Das war das erste Mal, daß Menschen sprachen,
aber weil sie noch keine Sprache hatten, sagten sie nur:
sai-sai-sai („noche-noche-noche"),
da gab es schon fünf Welten.

Dann bildete sich die sechste Welt.
Ihre Mutter war Bunkuáne-ne-nuláng; ihr Vater war Sai-chaká.
Sie bildeten schon einen ganzen Körper mit Armen, Füßen und
Kopf.

Da begannen, die Herren der Welt auf die Welt zu kommen.
Zuerst waren es zwei: der blaue Bunkua-sé und der schwarze
Bunkua-se.
Die Welt teilte sich in zwei Teile, in zwei Hälften: die blaue und die schwarze,
und in jeder von ihnen gab es neun Bankua-se.
Die auf der linken Seite waren alle blau
und die auf der rechten Seite waren alle schwarz.

Dann bildete sich die siebte Welt, und ihre Mutter war
Ahunyika.
Da waren die Körper noch ohne Blut,
doch nun begann sich das Blut zu bilden.

Dann bildete sich die achte Welt, und ihre Mutter hieß Kenyajé.
Ihr Vater war Ahuina-Katana.
Doch als sich diese Welt bildete, war das, was später leben sollte, noch unvollständig.
Doch es fehlte nur noch wenig.
Es war noch Wasser überall.
Es war noch nicht Tag geworden.

Da bildete sich die neunte Welt.
Aber es gab noch keine Erde.
Noch war es nicht Tag geworden.

SCHÖPFUNG

So steht es geschrieben in den Geschichten der Quiché,
alles was sie sagten, alles was sie taten
im Morgengrauen des Lebens, im Morgengrauen der Geschichte.
Nun malen wir es im Gesetze Gottes, wir malen es im Christentum.
Wir erzählen es hier, weil wir das Buch des Rates nicht mehr sehen,
weil wir das Morgengrauen nicht mehr sehen, nicht mehr die Ankunft
von der anderen Seite des Meeres,
weil wir unsere Dunkelheit nicht mehr sehen, das Morgengrauen unseres Lebens.
Einst gab es das ursprüngliche Buch, gemalt vor Zeiten,
doch ist es nicht mehr sichtbar dem Leser und Denker.
Groß waren seine Worte, groß seine Erzählung von der Geburt des Himmels und der Erde.
Und alles wurde in vier Teile geteilt,
alles abgesteckt und gemessen, und man brachte das Maßband,
das ausgespannt wurde im Himmel und auf Erden,
an den vier Seiten, an den vier Ecken
nach dem Wort des Allmächtigen, des Gestalters,
dem Vater und der Mutter alles Lebens, alles Geschaffenem,
all dessen, was atmet, was pulst,
was zeugt, was denkt,
Licht der Stämme, Licht der Söhne,
der daran denkt, daß alles gut sei, was im Himmel,

auf der Erde, in den Seen und den Meeren ist.
Dies ist die Geschichte von der Zeit, als alles in der Schwebe war,
alles ruhig, alles still, alles unbeweglich, alles lautlos,
alles Leere im Himmel.
Dies ist die erste Beschreibung, die erste Rede.
Es gab noch keinen Menschen, kein Tier, keinen Vogel, keinen Fisch,
keinen Krebs, keinen Baum, keinen Stein, keine Höhle, keine Schlucht,
kein Gras, keinen Wald, nur den Himmel gab es.
Noch zeigte das Antlitz der Erde sich nicht,
nur das Meer gab es ruhig, nur den Himmel ruhig, alles still.
Es gab nichts, das vereint war, nichts Lautes, nichts Wildes,
alles war unsichtbar, alles unbeweglich im Himmel.
Es gab nichts, das stand, nur ruhig das Wasser,
nur still das Meer, nur ruhig alles ruhig,
es gab nichts, das es gab, nur still war alles,
alles schweigend im Dunkel, in der Nacht.
Nur allein der Erbauer, der Gestalter,
der Mächtige, die Gefiederte Schlange, Mutter und Vater von allem,
glänzte auf dem Wasser, geschmückt mit grünen und blauen Federn:
sein Name ist also Gefiederte Schlange.
Die Art großer Denker, die Art großer Weiser war seine Art.

Auf diese Weise gab es den Himmel
und gleichfalls das Herz des Himmels, denn dies ist
der Name Gottes.
So erzählt es das Buch.
Und dann kam sein Wort hierher, mit dem Mächtigen,
mit der Gefiederten Schlange,
hier in die Dunkelheit, hier in die Nacht.
Und es sprach der Mächtige, die Gefiederte Schlange,
er sprach, er hielt Rat, er meditierte und wurde sich einig,
und während er seine Worte vereinte, beschlossen seine
Kenntnisse,
beschlossen unter sich im Augenblick des Morgengrauens
Menschen zu schaffen.
Und sie dachten an die Nahrung, sie dachten daran,
Bäume zu schaffen, Lianen,
die Nahrung und das Leben für alles Geschaffene
in der Dunkelheit, in der Nacht
vom Herzen des Himmels, Orkan ist sein Name.
Der erste ist Blitz des Orkans,
der zweite Furche des Blitzes,
der dritte Strahl des Blitzes,
darum sind die drei das Herz des Himmels.
Und so kamen sie mit dem Mächtigen, mit der Gefiederten
Schlange
und beschlossen das Morgengrauen des Lebens, sie beschlossen
wie das Keimen vor sich gehen sollte,
wie das Morgengrauen, welches die Nahrung, das Essen.
„So sei dies, es befruchte sich. Dieses Wasser verschwinde,
es leere

sich. Es wachse daraus die Erde und festige sich" –
so sprachen sie.
„Es keime alles, im Himmel
und auf Erden werde es Licht,
denn wir werden keine Anbetung haben,
keine Offenbarung unseres Werkes,
ehe es Menschen gibt, geformte, gemachte Menschen."
So sprachen sie, und so erschien die Erde,
geschaffen von ihnen.
So war in Wahrheit die Geburt der Erde.
Sie sagten „Erde", und augenblicklich erschien sie.
Wie ein Nebel, wie eine Wolke, so war die Geburt der Materie.
Als die Berge aus dem Wasser tauchten, begannen alsbald
die großen Gebirge zu wachsen.
Wie ein Zauber, wie Hexerei, so war die Erschaffung der Berge
und der Ebenen, und augenblicklich erschienenen auf der Erde
Zypressen und Kiefern.
Und es freute sich die Gefiederte Schlange:
„Gut war dein Kommen, Herz des Himmels, Orkan,
Furche des Blitzes, Strahl des Blitzes."
„Lasset uns nun unsere Arbeit vollenden", antworteten sie.
Zuerst erschienen also Erde, Berge und Ebenen.
Die Flüsse begannen zu fließen, sie flossen zwischen
den Bergen,
so begannen die Flüsse, als die großen Gebirge erschienen.
So war die Geburt der Erde, als jene sie schufen: das Herz
des Himmels und das Herz der Erde,
wie die ersten hießen, die alles befruchteten,
die den Himmel bewegten

als der Himmel noch stillstand und die Erde tief in
den Wassern schlief.
So war ihre Befruchtung, nachdem sie meditiert hatten
über diese gute Arbeit,
von ihnen geschaffen.

WEISSAGUNG DES CHILAM BALAM

Dies ist das Gesicht des Katun*,
das Gesicht des Katun des 13 Ahau**:
Das Antlitz der Sonne wird brechen.
Es wird niederfallen und auf den heutigen Göttern zerschellen.
Fünf Tage lang wird die Sonne gebissen, und man wird es sehen.
Dies ist die Beschreibung des 13 Ahau.
Ein Zeichen Gottes,
daß geschehen wird der Tod des Königs dieser Erde.
So werden auch die alten Könige kommen
und sich gegenseitig bekämpfen,
wenn die Christen diese Erde betreten.
So wird unser Vater Gott das Zeichen geben, daß sie kommen,
denn es gibt keine Einigkeit,
und viel Elend sahen
die Kinder unserer Kinder.

Anm. d. Übers.:
* Jahrhundert der Mayas = 20 Jahre
** ein Zeitabschnitt des Katun

Maya (Mittelamerika)

Sie brachten uns das Christentum,
doch sie geben uns von einem Herrn zum anderen wie Tiere.
Und Gott ist der Blutsauger müde.
Eintausendfünfhundertneununddreißig Jahre
das ist: 1539 Jahre.
Im Osten ist die Tür
des Hauses Don Juan Montejos,
der das Christentum brachte
auf diese Erde von Yucalpetén
Yucatán.

Chilam Balam, Prophet.

Gut ist das Wort von oben, Vater.
Es kommt sein Reich, es kommt in unsere Seelen der wahre
Gott.
Doch öffnen sie dort ihre Schlingen,
Vater, die großen Tiere, die das Blut der Brüder trinken,
Sklaven der Erde.
Welk ist das Leben und tot das Herz ihrer Blumen.
Die ihren Krug eintauchen bis zum Grund,
die ihn niederlassen so tief, daß er bricht,
verletzen und saugen die Blumen der anderen.
Falsch sind ihre Könige,
die Tyrannen auf ihren Thronen geizen mit ihren Blumen.
Ihre Sprache ist die Sprache der Fremdlinge,
neu sind ihre Stühle, ihre Krüge, ihre Hüte.
Verheerer des Tages!
Schänder der Nacht!
Zerstörer der Welt!
Verbogen ist ihre Kehle,

halbgeschlossen ihre Augen,
schwach ist der Mund des Königs ihrer Erde,
Vater, der sich jetzt hier spüren läßt.
Es ist keine Wahrheit in den Worten der Fremden.
Die Söhne der großen verlassenen Häuser,
die Söhne der großen Männer
der entvölkerten Häuser
werden es bestätigen,
daß sie hierher kamen, Vater.
Welcher Prophet, welcher Priester
wird die Worte dieser Schrift richtig deuten?
Es lag nur an den wahnsinnigen Zeiten, den wahnsinnigen Priestern,
daß bei uns eintrat die Traurigkeit, daß bei uns eintrat das Christentum.
Denn die sehr guten Christen kamen zu uns mit dem wahren Gott.
Doch dies war auch der Beginn unseres Elends,
der Beginn der Tribute, der Beginn der Almosen,
der Grund für das Hervorbrechen aller verborgenen Zwietracht,
der Beginn der Kämpfe mit Feuerwaffen,
der Beginn der Gewalt, der Beginn alles Raubes,
der Beginn der Sklaverei durch die Schulden,
der Beginn der Schulden auf aller Rücken,
der Beginn des ständigen Streites, der Beginn unserer Leiden.
So begann das Werk der Spanier und der Väter,
als es plötzlich Kaziken gab und Schulmeister und Staatsanwälte.
Denn es waren wie Kinder die Männer und Frauen der Völker,
und doch quälte man sie. Unglückliche, die Armen!

Die Armen wehrten sich nicht gegen den, der sie nach Lust
und Laune versklavte:
der Antichrist auf der Erde, Tiger der Völker,
Wildkatze der Völker, Blutsauger der Indios.
Doch es kommt der Tag, da aufsteigen zu Gott die Tränen
seiner Augen,
und da die Gerechtigkeit wie ein Donnerschlag
auf die Erde fällt.

GEBET

Mögen sich mehren und wachsen,
alle, die dich ernähren und unterhalten,
alle, die dich anrufen auf den Wegen,
auf den Feldern, an den Ufern der Flüsse,
in den Schluchten, unter den Bäumen, unter den Lianen.

Ich war ein kleines Kind
in Chichén
als der böse Mann
der Herr der Heere
kam, die Erde zu rauben.
O in Chichén Itzá
wurde die Gottlosigkeit geboren.

Mein Mädchen: Wenn du mit deinen Freundinnen spazieren-
gehst
und Nebel über der Flußmündung liegt
und der Duft der Fichten in den Hügeln zu spüren ist
wirst du an mich denken und sagen:
Freund, ist es wahr, daß du fort bist?
Höre, Gefährte, werde ich dich wirklich nie mehr sehen?

Ich werde von dir gehen.
Meine Trauer ist sehr groß.
Ich werde farbige Ketten für dich kaufen.
Wenn ich wiederkomme, werde ich dir Kleider bringen,
und es wird der Ostwind wehen.

Ich werde deinen Namen mit Trauer sprechen.

Ich glaubte,
ein Fisch
spränge, aber es war
ihr Paddel, das das Wasser teilte.
Ich dachte,
meine Geliebte
ginge fischen
aber meine Geliebte
ging fort. Ich werde

sie nie wiedersehen.
An ihrem Blick
habe ich es gesehen.
Ich werde sie nie wiedersehen!

BRIEF AN DIE GELIEBTE

Ich bin größer als die Kokospalme,
weil meine Augen bis zu ihren Wedeln reichen,
und noch bis zu den Vögeln, die die Palme fangen will.
Ich bin länger als der Wanki-Fluß
denn ich höre das ferne Rauschen der Wogen,
oder sehe den glänzenden Strand vor mir, wenn ich die Augen schließe.
Ich habe mehr Mut als die Löwin von Alamikamba,
denn mein Schmerz, hier aufgeschrieben, dringt weiter als ihr Brüllen,
bis in die Hände meines Mädchens in Bilwaskarma.

Mädchen, ich bin traurig wegen dir.
Ich denke an den Geruch deiner Haut.
Ich möchte meinen Kopf in deinen Schoß legen,
doch bin ich allein, liege unter einem Baum,
und höre nur das Rauschen des Meeres.
Die Wellen brechen weit draußen:
doch deine Stimme höre ich nicht.

NETZAHUALCOYOTL ZUGESCHRIEBEN*

Sei es, daß er weine,
sei es, daß er singe,
in einem Winkel
seines Hauses
will ich das Leben verbringen.

GESANG DES DICHTER-KÖNIGS NETZAHUALCOYOTL

Das Haus des Erfinders Seiner Selbst kann nirgends stehen.
Gott, unser Herr, wird überall angerufen,
und überall verehrt man ihn auch.
Man sucht seinen Ruhm, seinen Glanz auf der Erde.

Er ist es, der die Dinge erfindet,
und er erfindet auch sich selbst: Gott.
Er wird überall angerufen,
und überall verehrt man ihn auch.
Man sucht seinen Ruhm, seinen Glanz auf der Erde.

Niemand kann hier,
niemand kann Freund sein

* Anm. d. Übers.: König der Azteken, 1402–1470

dem Geber des Lebens:
doch wir rufen ihn an,
und an seiner Seite,
gemeinsam mit ihm
läßt es sich leben auf Erden.

Wer ihn findet,
weiß nur dies: Wir rufen ihn an,
an seiner Seite, gemeinsam mit ihm
läßt es sich leben auf Erden.
Niemand in Wahrheit
ist dein Freund,
o Geber des Lebens!
So, als ob wir zwischen Blumen
etwas suchten,
so suchen wir dich,
wir auf der Erde
an deiner Seite.

Dein Herz spürt Überdruß,
nur kurze Zeit
sind wir dir nah und an deiner Seite.
Es macht uns verrückt der Geber des Lebens,
hier macht er uns trunken:
Niemand kann an deiner Seite stehen,
niemand kann groß sein und herrschen auf Erden.

Nur du veränderst die Dinge,
das weiß unser Herz:

Niemand kann an deiner Seite stehen,
niemand kann groß sein und herrschen auf Erden.

SEHNSUCHT NACH UNSTERBLICHKEIT

Ich bin wie ein Trunkener, ich weine und leide,
wenn ich denke, wenn ich sage:
O stürbe ich nicht, o verginge ich niemals!

Dort, wo es keinen Tod gibt, dort, wo wir triumphieren,
  dort gehe ich hin.
O stürbe ich nicht, o verginge ich niemals!

Morgen oder übermorgen werden wir sterben,
wir werden uns in einen Blumengarten setzen,
denn alle Menschen gingen dorthin.
So wollen auch wir uns empfehlen
dem Herrn der Vertrautheit.

Ich weiß nicht, ob du fortgewesen bist.
Ich lege mich mit dir schlafen, und ich stehe auf mit dir.
In meinen Träumen bist du an meiner Seite.
Wenn meine Ohrgehänge schaukeln,
weiß ich, daß du es bist, der sich in meinem Herzen bewegt.

In den vergangenen Zeiten leuchtete die Weisheit der Azteken
im ganzen Reiche von Anáhuac,
und erleuchtete auch den Mann aus Kastilien;
jetzt glänzt sie in unseren Händen.

Es lachen nicht, lachen nicht die Alten;
traurig sind, traurig sind die Jungen;
es verdorren, verdorren unsere Felder;
es geben keinen Regen, geben keinen Regen die Wolken.
Bald wird das Wasser aufsteigen, die Wolken mögen aufziehen,
unsere lieben Wasser mögen sich sammeln,
dann soll gesät werden, alle sollen arbeiten,
und unsere lieben Bäuche werden's zufrieden sein.

Gestern blühte es.
Heute welkt es.

Schau zur Seite,
wir gehen dort hin.
Schau zur Seite,
wir gehen nach oben.
Bevor es deine Mutter merkt,
sind wir weit fort.

Blümchen, Blümchen, blüh' ich hier.
Daß mich pflücke, daß mich pflücke, der, der mag.
Daß er komme, daß er komme, der mich pflückt.

AN DEN CAUCA-FLUSS

Dort in den heiligen Bergen
wurdest aus der Erde Brust
mit sanftem Murmeln du geboren.
Neugebor'ner Cauca:
je ferner du gehst, um so mehr wirst du wachsen,
und eines Tages wirst du auch
den Weißen Bären treffen. *(die Spanier).*

AN DEN YUMA-FLUSS

(Der Río Magdalena)

Mit meinen hellen, reinen
Gesängen fließt du dahin,
dem unsterblichen Meer entgegen.
Laß mich
in die Kühle deiner Wasser tauchen
um meinen Geist zu reinigen
und meinen Körper zu erfrischen.
Süßer Yuma:
Komm in mein Herz.
Geh nicht ins grausame Meer,
komm in mein Herz, denn die Liebe ist ewig,
komm, ich bin die schöne Prinzessin Furatena.

DER GESANG DES BLAUEN HIMMELS

Eah, eah, eah . . .
das Meer ist oben,
das Meer ist oben,
und der Mond auch.
Die Sterne schwimmen um ihn herum.
Ah! Das ist der blaue Himmel.
Eah, eah, eah, das ist der blaue Himmel.

UNSERE EBENE

Dieses, Brüder, ist unsere weite Erde,
wo nichts sich hält, wo alles vorbeifließt,
und der Wind nicht schläft, und der Horizont wandert.

Dieses, Brüder, ist unsere weite Erde,
wir leben in Zelten. Wenn das Wetter wechselt,
wechseln wir mit den Zelten. So ist unser Leben.

Dieses, Brüder, ist unsere Erde, unsere Pampa.
Es ist keine enge Erde. Die Erde ist sehr weit.
Soviel man auch davon mag, es ist für alle genug da.

ANRUFUNG DER SONNE

Gib mir immer deinen blauen Himmel,
alter Mann mit dem leuchtenden Gesicht.
Gib mir jedes neue Mal meine weiße Wolke,
alte Seele mit dem Flammenkopf.
Gib mir auf immer deinen gold'nen Mantel,
großes Messer aus Gold, durch das wir,
die wir auf der Erde aufrecht gehen, sind.

GEFÄHRTE, BRUDER WIND

Ich bin durch alle Länder gereist, Compañero.
Ich kenne die Orte, durch die ich gekommen bin, Compañero.
Truvolusicó: Ich kenne jenen Ort.
Ich bin dort durchgekommen, Compañero.
Urrelaquén: Ich kenne jenen Ort.
Ich bin dort durchgekommen, Compañero.
Napaleofú: Ich kenne jenen Ort.
Ich bin dort durchgekommen, Compañero.
Aucamahuida: Ich kenne jenen Ort.
Ich bin dort durchgekommen, Compañero.
Gefährte, Bruder Wind.
Ich bin überall gewesen.
Ich kenne die Orte, durch die ich kam,
Gefährte, Bruder Wind.

GESANG DER ERDE

Meine Erde: Entferne dich nicht von mir,
laß mich nicht im Stich,
soweit ich auch sein mag.

Eines Tages
wird der Mond am Himmel stillstehen,
die Blumen werden vertrocknen,
und im Urwald
werden nur Steine wachsen.

Dann,
wenn er die Hütten zerstört hat
und alle die Menschen Piaroa,
wird nur der Große Schwarze Stein noch bestehen.

Der weiße Mann ist wieder in unsere Hütte gekommen.
Seine Augen
glänzen im Schatten
wie die Glut, die den Fisch brät.
Mit seinen langen Händen
greift er die Halskette von Euari,
die Pfeile von Remie,
den Rock von Chirimica,
die kleine Hängematte von Camó.
Das kleine Mädchen weint, als es seine Hundestimme hört.
Die Mutter drückt Camó an ihre Brust
und sagt: Laß uns ins Ruh'.

BEIM ANBLICK DES KREUZ DES SÜDENS

Mein Herz erinnert sich an viele Dinge
wenn es die vier Sterne leuchten sieht.
Sie werden immer dort sein, ich gehe fort.
Niemals kehre ich zurück, ich gehe fort.

MAGISCHER GESANG

(in archaischer Sprache)

Um es Sira zu sagen (dem Gott des Lichtes),
um Vater zu sagen zur Sonne,
kommt, kommt, es zu sagen.
Um es Unkara zu sagen,
um es Raba zu sagen.
Um es jetzt wieder und wieder zu sagen.
Singt, um es ihnen zu sagen.
Damit es Bua gesagt wird.
Damit es Ana gesagt wird.
Damit es Guetsa gesagt wird.
Kommt, kommt, es zu sagen.
Damit es Tjija gesagt wird.
Damit es Baukara gesagt wird.
Kommt, kommt.
Damit es Sira gesagt wird.
Geht . . . nach Rayota.
Einige Worte, die dort stehen.
Darunter (oder darinnen) . . .?
Um Vater zu sagen zur Sonne,
wenn der Tag erscheint.
Um Tchija, der Vater, zu sagen.
Gedenke von neuem der Sonne,
gedenke von neuem.

Junger Mond, Junger Mond,
Laß' diesen Mann sich an mich erinnern!
Ich bin hier bei dir.
Mach, daß ich allein
sein Herz bewohne.

DIE BRITISH CONTROL COMPANY

In der Company
gibt es sehr viel Geld,
sehr viel.
Doch in Murajana
gibt es
gar kein Geld.

Die Kariben,
die Kariben,
sind jetzt vom weiten Meer,
von den Inseln,
herübergekommen.

Auf der Suche nach unserem Fleisch
zu ihrer Mahlzeit
sind sie jetzt hier
uns gegenüber.

In der Bucht von Montanaina,
keuchend vor Freude
sind jetzt die Kariben,
sind jetzt die Kariben.

Die Pumas,
die Tatzen vor der Brust gekreuzt,
die zwar kein Fleisch umklammern,
beäugen sich doch mißtrauisch.

Zur Missionsstation,
zur Missionsstation,
bin ich gekommen
und habe rote Blumen gepflückt.

Ich kam
und pflückte sie.

In der Missionsstation
als ich ankam
pflückte ich rote Blumen.

WIEGENLIED

Kleiner Bruder,
weine nicht, schlaf ein.
Der Tiger kommt
dich zu holen
wenn du weiter weinst;
schlaf ein.

Der Tiger kommt ...
Weine nicht,
schlaf ein.

Über die welken Moriche-Blätter
kommt er
und will dich fressen.
Schlaf ein.
Der Tiger kommt.
Weine nicht, schlaf ein.
Er will dich fressen.
Ein Affe kommt ...

DER AMAKURU-FLUSS

Den Amakuru
liebe ich.
Der braune Reiher des Amakuru
hat eine kleine Zunge.
Wenn er zwischen den Steinen läuft
knackt er mit seinem Schnabel
die kleinen Krabben an den Steinen.

DER MAKERI-FLUSS

Makeri, Makeri,
wunderschöner Fluß.
Das macht es ja,
das macht es ja,
daß ich nicht von ihm gehen will.
Ich lege Felder an, überall.
Überall
lege ich Felder an.

Die Brüllaffen, jetzt,
jetzt brüllen sie.
Die Brüllaffen, jetzt,
jetzt brüllen sie.

Morgen zu dieser Stunde
wenn sie die Iburu-Blätter
fressen zu dieser Stunde,
dann brüllen sie.

Der kleine Brüllaffe, jetzt,
jetzt brüllt er.

In der Mündung des Guapoa
anzulegen
ist wunderschön.
Überall
wachsen Moriche-Palmen
wachsen Yuruma-Palmen,
gibt es Moriche-Saft in Hülle und Fülle,
gibt es alle Arten von Fischen
in Hülle und Fülle.

Das ist der Grund weshalb ich singe.
Deshalb singe ich.

Vom Großen Orinoko,
vom Großen Orinoko,
von seiner Mündung,
kommen Mädchen,
kommen Mädchen.
Das Boot der Mädchen kommt,
das Boot der Mädchen.

Die Kariben,
die Kariben,
wo werden sie jetzt hingeh'n,
wo werden sie jetzt hingeh'n?

Auf den Gipfel des Berges
werden sie jetzt geh'n, die Kariben.

Über die Haufen abgeschlagener junger Moriche-Palmen
Kommt etwas . . .
  Laßt uns fliehen.
Kommt etwas . . .
  Laßt uns fliehen.

Leute vom Orinoko,
Leute vom Orinoko,
wir sind gekommen, bei euch zu bleiben.

Wir sind gekommen, bei euch zu bleiben.
Wir haben unsere Berge verlassen.

Wir haben unsere Berge verlassen.
Wir sind gekommen, bei euch zu bleiben.

Mein Mann ist fort
im großen Boot.
Mitten auf dem Fluß
schwimmt er,
und verbirgt sich hinter der Biegung des Flusses.

In Yaroima
haben sie
hübsche Mädchen.
Und wohlriechende Wasser haben sie
in Yaroima.

Reiher
mit zarten Stelzen.

Merejina:
auf dem Berg der Leute von Merejina
bellt ein Hund.

Hilf mir, Vater, rette das Boot.

KLAGEN

Mein Vater, warum bestraft Er mich
dort in der Höhe?

Mein Vater dort oben ist zornig auf mich, ay!
Ja, der Töter aus den Bergen ist zornig, ay!

FREUDENGESANG

(Ohne Sinn)

Ja ma la,
Ja ma la,
Ja ma la.
O la la la la
la la la la la.

Kleines Reh der Blumen, du kommst spielen
an dieses Wasser voller Blüten.

Weit fort von hier, im Land der Blumen,
im Garten voller Blumen,
spielst du am Wasser voller Blüten.
Kleines zartes Reh der Blumen, du kommst spielen
am Wasser voller Blüten.

Kleines Reh der Blumen,
du stellst dich unter Cholla-Blüten,
dein Geweih zu wetzen,
du drehst und wendest dein Geweih, um es zu wetzen.

Und weit fort von hier, im Land der Blumen, im Tau des Tages,
stellst du dich unter andere Cholla-Blüten
dein Geweih zu wetzen;
kleines Reh der Blumen, du stellst dich unter Cholla-Blüten
und drehst und wendest dein Geweih, um es zu wetzen.

Wo ächzt du, trockener Baum?
Dort in der Ferne ächzt du, trockener Baum.
Weit fort von hier, im Land der Blumen, mitten im Wald,
weit fort von hier, an jenem Ort, ächzt du,
alter trockener Baum.
Dort in der Ferne ächzt du, alter trockener Baum.

Wenn die kühle Nacht kommt,
erhebst du dich vom Mesquite-Zweig,
schwarzer Vogel.

Und dort in der Ferne, im Land der Blumen, im Morgengrauen,
weit fort von hier, an jenem Ort,
erhebst du dich von einem Mesquite-Zweig,
schwarzer Vogel.

Es scheint, als kämen sie hierher, die Waldtäubchen,
die drei kleinen grauen Köpfchen nicken schnell,
   wie sie auf das Wasser der Blüten zulaufen,
dann entfernen sich die drei grauen Köpfchen zusammen,
langsam trippelnd.

Und weit fort von hier, im Land der Blumen, im Morgengrauen,
gehen drei graue Köpfchen nickend
aufs Wasser der Blüten zu
und entfernen sich dann wieder langsam.

Im Sommer kommen die Regen, das Kraut sprießt.
Das ist die Zeit, wenn der Hirsch ein neues Geweih bekommt.

Du läufst vor dem Sandsturm her,
freudiges Reh, und machst viel Lärm.

Das Reh
schaut eine Blume an.

LIED

Viele schöne Blumen, rote, blaue, gelbe.
Wir sagen zu den Mädchen: „Laß' uns über Blumen wandeln."
Der Wind weht und wiegt die Blumen.
So sind die Mädchen, wenn sie tanzen.
Manche sind große, offene Blumen,
manche sind kleine Blümchen.
Die Vögel lieben die Sonne und die Sterne.
Der Duft der Blumen ist sehr süß.
Die Mädchen sind süßer noch als Blumen.

Asien

Palau-Inseln (Philippinen)

Wir, die wir so alt sind wie du, Mädchen,
möchten mit dir rasche Küsse tauschen,
deinen wohlgeformten Mund küssen,
die rote Frucht deines Zahnfleisches.

GEBET

Sonne, erzürne dich nicht,
wir haben Frieden geschlossen untereinander.
Bis zum Ende unserer Tage
werden wir die Waffen nicht wieder erheben.

Ainus (Ferner Osten)

Ich bin Häuptling in diesem Dorf;
du bist Häuptling in jenem Dorf.
Wir wissen nicht, wer von uns beiden der Weisere ist.
Um es zu entscheiden, müßten wir ein Wortgefecht anfangen.
Aber das verträgt sich nicht gut mit dem Trinken.
Laß uns deshalb lieber vergnügt sein und trinken.

Bhattra (Indien)

Weiße Blume
es ist keine so wie du;
aus der Menge
wählte ich dich.

Gonda (Indien)

Es gibt weißes Wasser auf dem Hügel;
plötzlich,
als ich Wasser holte,
machte er mich zu seinem Lager.

DER INGWER

Sein Schaft biegt sich, wenn die Blätter sprießen,
biegt sich zu den Wurzeln nieder und wiegt sich,
biegt sich und wiegt sich hin und her,
die Blätter reiben sich und werden weich,
im Tal von Inas wiegt er sich
im Tal von Inas, das unsere Behausung ist.
Er wiegt sich in der leichten Brise,
wiegt sich im Nebel, wiegt sich im Dunst,
wiegen sich seine Triebe,
wiegen sich im Dunst der Berge,
wiegen sich in der leichten Brise,
wiegen sich und wiegen sich in den Bergen,
in den Bergen von Beching, in den Bergen von Inas,
in den Bergen von Malau, in den Bergen von Kuwi,
in den Bergen von Mantán, in den Bergen von Lumu,
in allen Bergen, die unsere Behausung sind.

Im Kraut:
Wer sind die zwei, die dort miteinander ringen?
Das Mädchen faßt ihn an der Brust,
der Knabe faßt sie an den Brüsten;
Knabe und Mädchen wiegen sich.

ABENDGEBET

Beschütze die Kinder,
die Menschen, die Kühe, die Kälber und alles!

DIE AFFEN

Sie reißen Zweige aus und werfen sie fort,
und springen zu dem Stamm dort drüben,
und kommen hier herüber und sagen: „Ah! Oh!“
Sie reißen Zweige aus und werfen sie fort,
und tanzen auf dem Stamm.
Warum halten sie jetzt ein und schauen herüber, die zwei?

Pazifik

An der Steilküste im Norden
fällt die Höhle bis zum Meer hinab.
An der Steilküste im Norden.

Meine kleine, schlafende Schwägerin.
Ihr rotes Haar.
(Oh, ich schlief ein und träumte von ihm.)
An der Steilküste im Norden.

Der Hahn singt.
Meine Braut umarmt mich.
Die Morgenröte kommt näher.
Deine Küsse sind sehr süß.
Meine Braut umarmt mich.

Der Wind weht aus dem Osten.
Der Meeressperber schießt hernieder,
schießt hernieder, um seine Beute zu greifen.
Der Wind weht aus dem Osten.

Zieh dir den roten Tanzrock an.
Du zeigst deine jungen Brüste.
Das *tabu* wird sie zerstören.
Der Meeressperber stößt auf die Beute nieder.

Es singt, singt weit landeinwärts,
dort in den Flußläufen von Natuwa,
der glänzende Vogel, er singt landeinwärts.

In Kelologea liegt ein totes Mädchen:
die kleine Mwatebu.
Und er singt seine Totenklage:
der glänzende Vogel singt landeinwärts.

DIE KANUFAHRT NACH PANAMOTI

Oh, Stern von Panamoti.
Es erhebt sich am Abend der Südwind.
Oh, Stern von Panamoti.

In Bwaruada bin ich ausgestiegen;
der Stern spiegelte sich schon im Topf:
er ist aufgegangen und steigt,
Stern von Panamoti.

Dobu-Insel (Neu-Guinea)

Komm zurück, komm zurück;
das Kanu ist zerbrochen.
Komm zurück nach Suyolai.

Das Riff zerbrach es
mit seiner schwarzen Brust.
Jetzt irre ich umher.
Komm zurück nach Suyolai.

Fidschi-Inseln

Der Wind weht über die hohen Berge von Mongodoro,
er weht zwischen den Felsen von Mongodoro,
und auch durch das helle Haar von Naloko.
Du liebst mich, Naloko, und ich bin dir treu.
Wenn du mich vergäßest, kennte ich den Traum nicht mehr.
Wenn du eine andere in deine Arme schlößest,
hätte jede Mahlzeit für mich einen Geschmack von bitterer Wurzel.
Die Welt wäre gräßlich arm an Glückseligkeit,
ohne dich, mein schlanker Jüngling
mit dem breiten Rücken, dem starken Nacken.

Hawaii

Oh, Kauai,
große Insel Kauai, ererbt von unseren Vätern,
gebettet in die friedliche Ruhe von Wainae;
Kaena ist eine Landzunge,
und weiter drüben liegt Kahuku.
Ein wolkiger Berg ist Kaala, wo sich die Winde treffen.
Und an seinen Hängen liegt Waialúa,
das kleine Dorf Waialúa.
Die Lagune von Kahala: ein Tisch für die Leute von Makuleia,
Wasser des gebratenen Hais, in *ti*-Blätter gewickelt.
Und Kaena ist die Schwanzspitze des Hais,
des Hais, der unter der Insel Kauai schwimmt,
unter der Insel Kauai, deinem Land.
Oh, Kauai.

Als ich den Flüssen der Wildnis folgte
wo die Molo-kama-Fälle brodeln,
während der Regen dort drüben in Mala-hoa fiel,
brannte ich vor Sehnsucht,
den blühenden Wald von Koili zu besuchen
und dort Manu'a zu streicheln
und seine Nachbarin Maha-moku.
Meine Hand wird ihren Zorn beruhigen
und heimlich werde ich auch Lani-huli berühren.
Gewährt mir diese einz'ge Bitte
und wir vereinigen uns unter heiligen Totems der Höhe.

Zwei Blumen sind erblüht
im Garten deines Seins
binde sie zu einem Kranz, einem Zeichen deiner Liebe.
Welches ist die Stunde deiner Ankunft?
Wenn die Sonne über dem *pali* steht,
wenn die Brise von Land her weht,
und den Geruch nach *hala* ausströmt,
wenn in Wai-pa die Brandung tost.

Duftende Zweige auf dem hohen Kane-hoa;
umkränzt die Knöchel, umkränzt sie!
Umkränzt sie mit flinken Fingern wie der Wind
der die Kronen der Bäume erfrischt.
Steckt meiner Blume *lehua*-Blumen an.
Oh, meine Liebe,
Knospe, die ich pflückte und in meinen Kranz bände,
wenn du eine Blume wärst . . .

DER ABSCHIEDS-FELSEN

Dies ist Hatu-mata, der Fels des Abschieds.
Der Schmerz zerfrißt mein Inneres
wegen des geliebten Wesens, das ich ließ.
Oh, äußerster Felsen des Abschieds!

Fahr in deinem Kanu, Heke-tua-tinaku,
fahr mit der Strömung und dem Wind im Rücken.

LIED FÜR DIE NORDAMERIKANER

So lange haben wir auf sie gewartet, unsere amerikanischen
Männer
mit der weißen Haut,
die hier in ihren Schiffen ankamen mit viereckigen Segeln
und zwei Masten,
und dann im Regen verschwanden.
Für ihre Schläfen sind unsere Kränze und Lieder, für ihre
Schläfen
unsere Kränze und Lieder.

LIED FÜR TENMARU, DAS VERLASSENE DORF

Ort Tenmaru, dunkler Ort,
dunkler Ort.
Doch Nekhabat, der große Häuptling,
wird bleiben, wie die Erde und die Wolken,
dunkler Ort!

DER RAUB DER STATUE

Sie banden dich im Ahu Orogón und zogen an ihren Stricken,
oh du, Pou-kaka-nonga, Gott der Thunfischfänger!
Und sie zogen dich mit ihren Stricken fort,
diese fröhlichen Fremden, die an Land kamen.
Sie wollen dich mitnehmen,
und sie werden dich auf ein anderes Mausoleum setzen,
in Peretia *(Belgien)*, wo dich die Mädchen anschauen gehen.

Mea: Von der Ältesten bis zur Jüngsten eiferten sie um deine Liebe.
Es ist Regenzeit, mein Freund, und die Blume verströmt ihren Duft.
Die Blume ist voll von Duft.
Es ist Trockenzeit, mein Freund, und die Blume welkt.
Ach, ach, sie welkte auf meinem Busen.
Die Ältere hat Angst.
Dies ist die Kette, um etwas Kostbares daran zu hängen:
das Kostbare ist dein Gesicht.
Mein Bruder, Mea.

LIEBESLIED

Das Warten ist lang,
  es macht traurig und zornig . . .

DIE ANKUNFT DER CHINESEN

Sie sind naßgeworden, die fröhlichen Fremden
mit dem Frauenhaar.
Sie sind hier an Land gekommen, mit ihren Uhren
am Handgelenk.
Sie machen Geräusche! Sie machen Geräusche!

Mädchen, du bist krank vor Liebe.
Du bist ein kleiner Krebs, der unter dem Grabmal des Acurenga
  wohnt,
du bist ein kleiner Fisch mit einem Kranz geflochtener Haare.
Du gehst zum Strand hinunter,
kleiner Fisch, meine Freundin.
Dort, weit unten, dort gibt es gute
Algen, die du essen kannst.

FÜR EIN MÄDCHEN IN DER ZEIT SEINES EINSCHLUSSES, UM DIE HAUT HELLER ZU MACHEN

Du bist weggesperrt, eingeschlossenes Mädchen!
An der Wand hängt die Kürbisflasche, voll mit Ocker.
Wie weiß du geworden bist in dieser Zeit, du, Eingeschlossene!
Ich liebe dich, Eingeschlossene.
Wie lange wirst du noch weggesperrt sein, eingeschlossenes
  Mädchen.

TOTENGESANG

Ach, ach, was soll jetzt aus uns werden?
Du gabst uns zu essen und brachtest uns viele Fische,
viele Aale, Seeaale, Zuckerrohr und Kochbananen.
Vater, du hast nicht in den Hütten gebettelt.
Jetzt haben wir dich verloren.
Vater, du warst ein guter Fischer, und deine Leine, immer ausge-
  worfen, sang!
Ach, ach, was soll jetzt aus uns werden?

Oh Regen, dicke Tränen des Hiro,
fällt,
trommelt den Boden,
oh Regen, dicke Tränen des Hiro!

Die stinkenden Würmer
umgeben dich, oh Tau-mahani,
hochgestellte Frau.

DER KÖNIG

Was sind die Dinge, die der König dieses Landes mehrt?
Wenn der März am Himmel erscheint, läßt der König die Triebe der
Süßbananen sprießen, die in diesem Lande wachsen.
Er ist es, der König, der uns den Himmel und die Ahnen bringt.
Er bringt die Süßbananen, den Himmel und die Ahnen.

Was sind die Dinge, die der König dieses Landes mehrt?
Die Langusten, den Poopoo-Fisch, die Seeaale, den
Nohuo-Fisch,
das Moos, der Farn und die Kavakava-Atua-Frucht.

Was sind die Dinge, die der König dieses Landes mehrt?
Das Moos, der Farn, die Kavakava-Atua-Frucht, läßt der König
dieses Landes wachsen.

Er bringt uns das Moos, der Farn und die
Kavakava-Atua-Frucht.

Was sind die Dinge, die der König dieses Landes mehrt?
Er hat den Thunfisch gebracht und die Atu- und Ature-Fische.
Er bringt uns den Thunfisch und die Atu- und Ature-Fische.

Was sind die Dinge, die der König dieses Landes mehrt?
Das Maniok, die Taro-Frucht und die Kartoffeln, das
Zuckerrohr
und die neuen Pflanzen, die im Schatten dieses Landes
wachsen.

Was sind die Dinge, die der König dieses Landes mehrt?
Die Schildkröten, ihren Bauchpanzer, ihre Füße, läßt der König
dieses Landes wachsen.

Er bringt uns die Schildkröten, ihren Bauchpanzer und ihre
Füße.

Was sind die Dinge, die der König dieses Landes mehrt?
Den Sternen, dem Himmel, der Wärme, der Sonne, dem Mond,
ihnen
allen stärkt er ihre Kraft.

Oster-Insel (Chile)

Was sind die Dinge, die der König dieses Landes mehrt?
Er schickt uns den Tau, die Wärme, die Sonne und den Mond.

Was sind die Dinge, die der König dieses Landes mehrt?
Die Edlen, die Frauen hohen Ranges, gedeihen durch ihn.
Er gibt uns die Edlen, und die Frauen von hohem Rang.

Welches sind die Dinge, die der König dieses Landes mehrt?
Die Würmer der Erde, die Ohrenkneifer, die Käfer läßt der König
dieses Landes wachsen.

Er gibt uns die Würmer der Erde, die Ohrenkneifer, die Käfer, und
vermehrt sie in diesem Lande.

HYMNE VON DER ERSCHAFFUNG DER WELT

Nur Er existierte. Taaroa war sein Name.
In der unendlichen Leere gab es weder den Himmel noch die Erde,
weder den Menschen noch das Meer.
Taaroa ruft, niemand antwortet.
Denn nur Er existierte, und Er verwandelte sich in Weltall.
Taaroa ist die Wurzel, ist der Felsen.
Taaroa breitet seine Äste aus.
Taaroa ist das Licht.
Taaroa ist das Innere.
Taaroa ist das Äußere.
Taaroa ist dauerhaft.
Taaroa ist weise.
Er schuf die Erde von Hawaii,
die heilige Erde von Hawaii
wie eine Meermuschel für Taaroa.
Und die Erde beginnt zu tanzen. Sich zu bewegen.
Fundamente! Felsen!
Sand! Kommt alle her!
Vereint euch hier und knetet gemeinsam die Erde.
Knetet, knetet gut.
Breitet die sieben Himmel aus, Schluß mit der Unwissenheit.
Schafft die Himmel, Schluß mit der Finsternis.
Schluß mit der inneren Angst.
Jetzt ist die Zeit der Rede.
Und die Fundamente werden geknetet.
Die Felsen werden geknetet.

Taiti (Polynesien)

Der Sand wird geknetet.
Und die Himmel schließen sich.
Die Himmel erheben sich,
um die Abgründe zu verlassen und die Erde von Hawaii
zu vollenden.

Seht hier die Götter, von Hawaii, den Geburtsort der Erde,
von Hawaii, den Geburtsort der Götter,
von Hawaii, den Geburtsort der Völker.
Götter im Inneren, Götter im Äußeren,
Götter oben, Götter unten,
Götter in den Meeren, Götter auf der Erde,
verkörperte Götter, nichtverkörperte Götter,
Götter, die die Sünden bestrafen, Götter, die verzeihen,
Götter, die Menschen fressen, Götter, die die Krieger töten,
Götter, die die Menschen retten,
Götter der Finsternis, Götter des Lichts,
Götter der zehn Himmel.
Kann man die Götter denn zählen?
Die Götter sind unzählbar.

DER VERLASSENE EHEMANN

Kehre zurück aus Toa, oh Aitofa,
meine schöne Frau, die mich verließ!
Wie die schnelle Strömung in Onoiau,
wie der schäumende Fluß im Tal,
so läuft mein sehnsuchtsvolles Herz zu dir,
Aitofa, hab' Mitleid mit deinem Geliebten, der vergeht.

Die Berge von Tainau sind schöner geworden wegen dir.
Der Ehemann fürchtet sich, verzehrt sich, verliert die Sinne
mit der Ankunft,
mit der Heimkunft der Liebe seiner geliebten Frau,
ihres leuchtenden, schönen Gesichts.
Der Mond, der zwischen den Schatten im Westen versinkt, ist
das Ebenbild des Mannes,
das Ebenbild Moanarais.
Wie eine große Wolke, die den Himmel verdunkelt, ist sein
Schmerz,
der Schmerz des Mannes, der um seine Frau weint, die fort ist.
Und wie der schwarzgefärbte Himmel ist meine Trauer um sie.

Ach, ich Armer, ach, ich Armer! Meine schöne Frau,
meine Liebe, ist verschwunden!
Meine schöne, untreue Frau,
meine Freundin, die mich mutig gemacht hat,
meine Freundin im Sturm, sie wurde mir genommen.
Einen Blätterkranz des *fara*-Baums, eine Girlande aus Pandanea-
Blüten habe ich für dich,

Aitofa, und – ach! – du hast mich verlassen!

Ach, ich Armer! Ist es denn richtig, daß du mich so behandelst?
Oh, du segelst auf den Wellen über der Untiefe von Aoa,
durchquerst das duftende Tal von Vavaara,
bist schon auf der anderen Seite des Rotui-Berges, weiter schon als die Schlünde der Gegend der Toten.
Du hast den Ort vergessen, wo du im klaren Wasser badetest,
und deine Gardenienstauden, die noch immer blühen.
Ach, arme Aitofa! Du bist ein Spielzeugkanu, das der Wind davonträgt.

Ach, arm bin ich dran, durch meine Angst und den Zorn in meinem Herzen!
Ach, ich Armer! Ich verzweifele und will mich selber töten,
ich bin verrückt geworden. Ach, wir Armen beide!
Die Seele deines Mannes bäumt sich noch einmal auf, deine Liebe wiederzugewinnen.

Ach, meine Geliebte! Dein schönes Antlitz ist nicht bei mir;
was soll ich hier zu Hause bleiben.
Ein spitzer Stachel, ein hübsches Stachelchen bist du für mich.
Was habe ich getan, daß du dich so erzürntest?
Daß du mich verließest?
Warum hast du es zerschnitten, das Band der Liebe, und bist davongelaufen, schlechte Frau?

Wie ein langes Gewitter ist mein Zorn,
der pocht in meinem Innern, hier in meinem Innern.

Meine Eingeweide sehnen sich nach dir, mein Herz zerfließt nach dir.
Die Sehnsucht nach dir läßt mich erstarren. Oh, Aitofa, kehr' zurück!

Hier habe ich einen Strauß roter Federn für dich,
hier habe ich eine Girlande scharlachroter Federn für dich,
hier habe ich ein herrliches Halsband aus Perlen für dich,
hier bist du zu Hause.
Ich bin Moanarai, dein Mann.

DIE MÖWE

Das Möwenweibchen, mit seinem Schnabel, schreit, wenn es die
schwarzen Wolken aufsteigen sieht.
Die Möwe schreit in der Regenzeit. Sie denkt daran,
ihr Nest zu bauen.
Sie plant und denkt an ihr Haus auf der Bremer-Insel.
Sie taucht, zerteilt das Wasser, wirbelt Schaum auf.
Ihre Augen sehen nachts. Sie schüttelt sich und ist wieder
trocken.

DIE ADLER

Die Adler schreien und fliegen umher,
im Spiel picken sie sich das Gefieder, daß die Federn fallen,
sie stoßen Schreie aus und glänzen in der Sonne;
bald werden sie in ihrem Nest die kleinen Adler haben.

Du bist der Vogel, der in der Morgenfrühe läuft.
Bist du denn nicht zum Hof des Häuptlings gekommen und hast mir gesagt:
„Gib mir Glasperlen in Hülle und Fülle,
dann werden auch wir Liebe spielen?"
Wenn also deine Gier nach Perlen so groß ist,
warum räucherst du dann nicht Kokosnüsse für Dick?
Er würde sie gern nehmen und wird dir Ware dafür geben,
viele Glasperlen hat auch er für dich.
Sicher bin ich der strahlende Baum, und du bist der Baum des Blutes,
den der Geist des Todes als erstes sieht, wenn er sich zum ersten Male nähert.
Als der Häuptling deinem Sohn ein Fest gab,
sogar da hast du nach Perlen geschrien!
„Ah, gib sie mir", hast du gesagt,
„damit sie meinen Körper wie ein Kleid bedecken
wenn ich ausgeh'."

Kurelu (Neuguinea)

Wo sind die Mädchen alle hin?
Wir haben mit ihnen in Liberek getanzt,
und jetzt sind sie alle verheiratet.
Aber was kann man schon machen,
wenn sich die Häuptlinge alle Frauen nehmen?

SEHNSUCHT NACH DEM LANDE, DAS SICH DIE WEISSEN NAHMEN

Die Wellen erheben sich, große Wellen erheben sich
gegen die Felsen
und brechen fah, fah.
Der Mond steht hoch und scheint auf das Wasser.
Im Frühling; und das Wasser kommt bis zum Gras hinauf
und bricht sich fah, fah.
Am aufgewühlten Strand baden die Mädchen.
Hör' die Geräusche, die sie mit ihren Händen machen,
während sie spielen!

Oh, dieser Salzgeschmack, der mir im Munde blieb,
nachdem ich das weiche Hirn von Nuku getrunken hatte
wo er all seinen Zorn aufbewahrte!
Seine Ohren, die den Ratschlag gehört hatten!
Tutepakihirangi wird auch mit dem Kopf voran
im Magen von Hinewai landen.
Meine Zähne werden Kaukau essen.
Die dreihundertundvierzig von Te Kiri-kowhatu
werden ein einziger Brei in meinem Trog sein.
Te Hika und seine Leute werden in meinem Topf schmoren.
Ngaitahu – der ganze Stamm – werden dann
zum Schluß mein köstlichster Happen sein.

Wenn der Abend fällt
kommt meine alte Liebe zu mir, wegen der ich so geliebt habe,
und die jetzt doch weit fort von mir ist.
Und jetzt höre ich ihre Stimme, dort, weit fort von hier, in
 Hawaii,
und weiter noch als die weitesten Gipfel,
klingt ihr Echo doch von Tal zu Tal.

Sieh, dort, wo der Nebel
über Pukehina schwimmt.
Dort ist der Weg
auf dem meine Liebe von mir ging.

Komm noch einmal zu mir
damit die Tränen
aus meinen Augen fließen. Nicht ich war es
die zuerst von Liebe sprach.
Du warst es ja, der mich umwarb,
als ich noch ein junges Mädchen war.
Da wurde mein Herz verrückt nach dir.
Dies ist mein Abschied, voller Liebe.

DER VERLUST DES LANDES, DAS DEN AHNEN GEHÖRTE

Jetzt ist das einzige Band, das uns verbindet,
diese zarte Wolke, die dort von dannen zieht.